침묵과 용서 - 근친 성폭력의 감춰진 진실

이미애

친족 성폭력의 직접적인 피해자로 살아오면서 어떻게 하면 그 어두운 현실에서 벗어나 당당한 생존자로 살 수 있을지 오랜 시간 고뇌했다. 대학원에서 자살 예방 프로그램 개발을 주제로 논문을 쓰면서 친족 성폭력의 문제는 비단 혼자만의 문제가 아니라는 사실을 알게 되었다. 그리고 그 범죄로 인해 얼마나 많은 피해자들이 엄청난 부작용과 후유증을 겪고 있으면서도 그 사실에 대해 침묵한다는 진실 또한 직시했다. 범죄에 대한 침묵이 전인격적인 파괴를 야기하고 생명까지 위협한다는 것을 오랜 연구를 통해 밝혀내고자 하였다.

이 책은 독자들에게 친족 성폭력 피해자가 겪는 내적 혼란과 고통, 사회적 차별과 인식의 파괴력, 법과 제도의 편협함과 부당함을 새로운 시각으로 바라보도록 돕는다. 참혹한 범죄가 야기한 현실을 변화시키기 위해 무엇이 필요한지 각자에게 질문을 던진다. 그리고 그 질문에 대한 하나의 답변을 제시한다. 이 답변이 성폭력 피해자의 마음을 치유하고 회복하는 데 도움이 되며, 사회를 변화시키는 발화점이 되기를 간절히 바라고 있다.

이전 출간 도서로는 2002년에 예수님을 영적으로 다시 만난 것을 계기로 집필한 『요단강 건너』가 있다. 보다 넓은 영적 지경을 지닌 신앙인이 되라는 하나님의 음성을 담고 있다.

침묵에서 벗어나 용서로 나아가는 성폭력 비평서

침묵과 용서

근친 성폭력의 감춰진 진실

이미애 지음

머리말

성범죄는 피해자에게 무언의 메시지를 준다. '너는 귀하고 소중하게 대할 가치가 없다.'는 메시지. 범죄를 저지르는 가해자는 행동으로, 표정으로, 언어로, 신체 폭력으로 이런 메시지를 끊임없이 주입한다. 성범죄 피해자는 가해자가 주는 이런 메시지를 내면화하고 범죄에 대해 침묵한다. 나이가 어린 피해자일수록 이런 메시지가 잘못된 것임을 인지하지 못하고 이를 여과 없이, 비판 없이 수용하고 마음에 새긴다. 특히 근친 성폭력 피해자는 가해자의 역할에 대한 혼란과 복잡한 감정으로 인해 어디까지가 정상적인 행위이고 범죄인지를 판가름하기 어렵다.

이런 왜곡되고 파괴적인 메시지를 오래 주입당할수록, 이런 혼란한 상태가 오래 지속될수록 피해자의 자존감은 바닥으로 떨어진다. 자신이 하는 생각에 확신이 없고 자신이 느끼는 감정을 부인한다. 감정을 부인하고 억누르다 종내에는 감정을 느끼지도 못한다. 자신의 존재를 의심하고 혐오하고 비하한다. 성범죄의 심각성은 범죄 행위 자체에도 있지만 그 이후에 범죄 행위가 주는 메시지를 내면화한다는 데 있다. 성범죄를 제외한 다른 범죄에는 부당함을 느끼고 분노하고 어떤 조처를 하지만 성범죄는 이런 최소한의 대처도 하지 못한다. 사회와 제도와 법이 성범죄의 심각성을 축소하고 희석하기 때문이다. 문화, 통념, 사회적 인식 등 모든 환경이 피해자의 입을 닫게 한다.

몸에 직접적으로 가해지는 범죄 중 성범죄는 한 사람의 신체, 인지, 정서, 영적인 영역까지 깊숙이 침해하고 파괴한다. 이런 엄청난 범죄를 당해도 피해자는 무엇이 문제인지 인지하지 못하고 파괴되어 가는 자신의 인생에 관해 함구한다. 입을 열어야 가해자와 사회가 주입한 메시지를 뽑아 버릴 수 있다. 이 메시지를 직시하고 저항하고 뿌리 뽑지 않으면 피해자는 평생 그 잘못된 메시지를 마음에 품고 온갖 부작용을 겪으며 불행하게 살아야 한다.

용서는 가해자의 잘못을 잊거나 가해자를 연민하고 동정하는 상태를 뜻하지 않는다. 용서는 자신에게 일어난 일을 인정하고 수용하고 범죄 행위가 무엇인지 판단하여 규정하고, 그 범죄가 삶에 어떤 영향을 미쳤는지 직시하는 데서 시작된다. 있는 그대로 보고 느끼면 말할 수 있는 용기가 생긴다. 용서는 피해자의 폭로를 시작으로 가해자의 반추, 헤아림, 공감, 사죄로 이어져 실질적인 보상과 처벌이 이루어진 후에 비로소 완성된다. 진정한 용서는 범죄를 삶의 일부로 통합하고 그런 사건이 있었음에도 마음의 평정심을 유지하고 살아가는 상태를 뜻한다. 마음의 평화와 안전감을 얻어야 우리는 평범하고 일상적인 삶을 살 수 있다. 용서는 인간으로서 누려야 할 기본 권리인 행복과 안전을 다시 쟁취하기 위해 반드시 거쳐야 할 과정이다. 용서는 가해자와 사회가 주입했던 메시지를 마음에서 제거하고 성범죄 피해자가 아닌 생존자로서 당당하게 살기 위한 첫 번째 발걸음이다.

차 례

머리말 5

1장 친족 성폭력 생존자 K씨의 사례 11

2장 트라우마의 영향 37
1. 트라우마의 인지적 영향 42
2. 트라우마의 정서적 영향 47
3. 트라우마의 신체적 영향 56
4. 트라우마의 대인관계적 영향 62
5. 트라우마의 영적 영향 64

3장 성범죄자에게 내리는 처벌 71
1. 근친 성폭력범죄자에게 내리는 판결 73
2. 판결의 근거(감형 이유) 86
3. 처벌권을 독점한 국가권력 94
4. 피해자에게 처벌권이 주어진다면 107

4장 침묵과 용서　　　　　　　　　　　　　　　119

1. 용서의 7단계　　　　　　　　　　　125
2. 피해자들 간의 용서　　　　　　　　148
3. 자신에 대한 용서　　　　　　　　　153
4. 환경에 대한 용서　　　　　　　　　158
5. 사람의 용서 = 하늘의 용서　　　　161
6. 가해자가 용서의 단계를 거치지 않으려 할 때　　165
　 각자가 써야 할 용서의 페이지

5장 치유와 회복　　　　　　　　　　　　　　　171

1. 과거를 스토리텔링하기　　　　　　175
2. 냉담한 마음 녹여내기　　　　　　　178
3. 무기력 극복하기　　　　　　　　　181
4. 수치심 털어 내기　　　　　　　　　186
5. 통제권 회복하기　　　　　　　　　190
6. 대처 능력 자원 개발하기　　　　　194
7. 삶을 작은 계획들로 채우기　　　　202

8. 마음챙김 명상하기	204
9. 어린 시절 상실에 대한 애도	206
10. 자조모임 만들기	209
11. 꿈을 향해 나아가기	211
맺음말	215
부록: 마음챙김 명상하기	217
작가 인터뷰	231
참고문헌	242

1장

친족 성폭력 생존자 K씨의 사례

K씨는 고위공직자인 아버지와 평범한 주부인 어머니 사이에 태어났다. 아버지는 정치적으로 청렴하고 능력을 인정받는 사람이었다. 어머니는 정이 많았지만 우유부단한 면이 있었다. K씨가 태어나자 아버지는 K씨를 매우 아끼고 사랑했다. K씨와 기꺼이 놀아 주고 많은 시간을 함께 보냈다. 아버지는 K씨를 "이쁜 우리 공주님"으로 불렀다. K씨는 아버지의 예쁘고 사랑스러운 딸이 된 것이 매우 자랑스럽고 기뻤다. 아버지의 품에 안겨 잠이 들 때는 포근함과 안전함과 편안함을 느꼈다. 아버지는 K씨가 어떤 일을 해도 쉽게 꾸중하거나 혼내지 않고 칭찬하고 안아 주었다. 아버지는 일터에서 '딸 바보'로 통했다.

그러다 K씨가 8세가 될 무렵부터 아버지의 행동은 조금씩 변해 갔다. K씨는 잠에서 깨어날 때 아버지가 자신의 몸을 일부러 만진다는 느낌을 받았다. 안아 주거나 토닥이는 느낌이 아니라 신체의 일부를 쓰다듬거나 주무른다는 느낌을 떨쳐 버릴 수가 없었다. 그 느낌은 분명 끈적이고 불쾌했다. 예전과 달라진 아버지의 손길에 어린 K씨는 어떤 반항이나 의문 제기를 할 수 없었다. 가끔 몸을 주무르던 아버지의 손길은 9세가 되면서 잦아졌다. 아무런 저항도 하지 못하고 이런 일들을 견디던 K씨에게 그날의 기억은 너무나 끔찍했다. 아버지의 손길에 몸이 아프게 느껴지자 K씨는 아버지의 손을 밀어냈다. 그러자 아버지는 생전 내지 않던

화를 내며 얼굴을 찌푸렸다. K씨는 아버지의 얼굴을 본 순간 자신이 해서는 안 되는 행동을 한 것 같은 죄책감을 느꼈다. 아버지가 자신을 더 이상 사랑하지 않을 것 같아서 가슴이 철렁 내려앉았다. 당시 아버지의 표정은 K씨의 뇌리에 깊이 박혔다. K씨는 아버지가 그런 표독한 표정을 다시 짓지 않게 하기 위해 평소처럼 얌전해졌다. 그러나 아버지의 성추행은 그것으로 끝나지 않았다.

10세 여름방학 때 어머니는 외할머니가 편찮으셔서 병간호를 하러 집을 비웠다. 잠을 자던 K씨는 인기척을 느껴 잠에서 깼다. 잠에서 깨는 순간 K씨는 시큼하고 독특한 냄새를 감지했다. 어둠 속에서 아버지가 옷을 벗고 있었다. 그때 K씨는 극도의 공포를 느꼈다. 지금까지의 경험과는 다른 뭔가 무섭고 고통스러운 일이 벌어지리라는 직감이 들었다. 얼굴이 경직되고 목구멍이 막혀 아무런 소리도 낼 수 없었다. 몸이 얼어붙기 시작했다. 여름인데도 한기가 느껴졌다. 죽은 듯이 누워 있는 K씨에게 다가와 아버지는 K씨의 옷을 벗기기 시작했다. 아버지가 내뿜는 술에 취한 냄새와 손의 감촉이 역겹고 끔찍했지만 K씨는 가만히 있을 수밖에 없었다.

억지로 K씨의 옷을 벗기던 아버지는 자신의 마음대로 옷이 벗겨지지 않자 짜증을 내며 욕을 했다. 아버지의 입에서 욕설이 나오는 것을 한 번도 듣지 못했던 K씨는 엄청난 충격에 휩싸였다.

욕설과 거친 손아귀는 K씨를 굉장한 긴장 상태로 몰아넣었고 정신이 아득해지는 것을 느꼈다. K씨의 옷을 벗긴 아버지는 몸을 주무르고 핥기 시작했다. 혓바닥의 축축한 느낌은 마치 차가운 뱀이 온몸을 휘감는 것처럼 끔찍하고 공포스러웠다. 내장이 뒤틀리는 것 같고 목구멍으로 뭔가 뜨거운 것이 치밀어 오르는 느낌이 들었다. 토할 것처럼 속이 매스꺼웠다. 독사를 만난 개구리처럼 K씨는 아무런 저항도 할 수 없었고 내장은 얼어붙고 뼈들이 조각조각 나는 것 같았다. 아버지는 이런 K씨의 상태에 대해서는 아무런 관심이 없었다. 마치 성욕으로 빵빵해진 풍선 같았다. 성욕을 어린 딸에게 풀지 않으면 터져 버릴 것처럼 탐욕스럽게 자신의 욕구를 채우는 데만 열중했다.

K씨는 극도의 긴장 상태와 공포 가운데 있었기 때문에 신체적 아픔을 당시에는 느낄 수 없었다. 질이 찢어지는 극심한 폭력 상황을 경험하면서도 비명 한 번 지를 수 없었다. K씨가 아버지에게 성적 학대를 당하면서 바란 한 가지 소망은 누군가 자신을 구해 주었으면 하는 것이었다. 누군가 아버지의 폭력과 학대를 알고 자신을 아버지에게서 떼어 내어 안전한 곳으로 데려가 주었으며 하는 것이 그것이 K씨의 유일하고 간절한 바람이었다. 아버지는 자신의 성욕을 배출하고 난 후 한동안 말이 없었다. 한참의 시간이 흐른 후 아버지는 K씨에게 딱 한 마디를 했다. "몸 간수 잘해

라." K씨는 그 말이 무슨 뜻인지 알 수 없었다. 수십 년의 세월이 흐르면서 오랜 고민 끝에 K씨는 그 말이 딸을 독점하여 성욕 해소 도구로 삼으려는 아버지의 사악한 의도였음을 알았다.

K씨는 이 일을 어머니에게 말할 수 없었다. 할머니가 편찮으셔서 가뜩이나 걱정에 사로잡혀 있는 어머니를 힘들게 하면 안 된다는 생각과 이 일을 말하면 아버지와의 관계가 끊어질 것이라는 불안감과 두려움이 K씨의 마음을 가득 채웠다. 아버지는 성적으로 학대할 때 빼고는 예전처럼 K씨를 예뻐해 주고 원하는 것도 알아서 척척 사다 주었다. K씨는 아버지가 자신을 사랑하기 때문에 그런 행동을 한다고 생각했다. 아버지가 어머니에게 애정 표현을 하는 것처럼 자신에게도 똑같이 하는 것이라는 생각을 꾹꾹 눌러 담았다. 아버지의 사랑을 지속시키기 위해서는 아무 말도 하지 말고 꼭 참아야 한다고 생각했다.

하지만 인지적인 세뇌는 신체적이나 정서적으로 통하지 않았다. K씨는 자신의 몸이 자신의 것이 아닌 것 같은 불편함을 느끼기 시작했다. 눈앞이 뿌옇게 흐려지면서 손발의 감각이 사라지는 느낌을 받았다. 교실에 앉아 있어도 몸이 딴 곳을 떠도는 느낌이 들 때가 많았다. 선생님과 친구들이 살아 있는 사람이 아니라 무감각한 물체로 느껴지기도 했다. K씨는 자신이 슬픈지 기쁜지 괴로운지도 잘 느끼지 못했다. 뭔가 마음에 구멍이 난 것 같은 느낌이 들 때가 많았다. 아버지가 성폭력을 저지를 때는 이런 현상이 훨씬 두드러졌다. 마음과 몸이 분리되어 마음은 알 수 없는 곳으로 날아가고 몸은 물건이 된 듯한 상태를 반복해서 경험했다. 또 감정이 갑자기 격해지기도 했다. 몸이 터질 것 같은 분노에 휩싸일 때도 있었고, 어두운 구덩이로 끝없이 떨어지는 것 같은 느낌이 들기도 했다. 그럴 때는 몸을 가누기조차 힘들었다. 몸의 중심을 잃고 휘청거리면서 책상 모서리나 식탁에 부딪혀 멍이 드는 경우가 많았다.

    13세 가을 무렵 아버지의 성폭력이 잦아지자 K씨는 자신을 보호할 최소한의 방법으로 방문을 잠그기 시작했다. 그때 K씨는 생리를 시작했다. 이차 성징이 시작되면서 가슴에 멍울이 잡혀 아프고 신경이 계속 쓰였다. 아버지는 그때부터 무언가를 신중히 계산하는 듯했다. K씨의 생리 주기와 생리 지속 기간을 매우 상세히 물었다. 그리고 어떤 날에는 질외사정을 했고 콘돔을 사용하기도 했다. 딸을 임신시키지 않고 지속해서 성폭력을 저지르려는 치밀한 계획과 교묘한 야비함과 교활함이 그 속에 있었다는 것을 K씨는 세월이 오래 지나고서야 알아차렸다. 어머니는 K씨가 사춘기라고 생각할 뿐 K씨의 변화를 잘 알아차리지 못했다. 딸의 사생활을 존중해 준다는 생각에 왜 문을 잠그는지 묻지 않았다.

K씨는 누구와도 친해질 수가 없었다. 마음을 터놓을 만큼 친해지면 자신의 입에서 무슨 말이 나갈지 알 수 없다고 생각했다. K씨는 언제나 저만치 멀리 떨어져서 외딴섬에 있는 것 같았다. 친구가 관심을 보이며 다가올 때마다 에둘러 밀어 내고 마음의 벽을 쳤다. 사람들은 처음에는 다정하게 대하다가도 나중에는 자신에게 큰 상처를 줄 것으로 생각했다. 그리고 자신이 받는 상처에 관심은 조금도 주지 않고 각자 자신의 욕심만 채우는 것이 사람이라는 생각을 굳혀 갔다. K씨는 마음이 점점 메말라 갔고 피폐해졌다. 오래 지속된 가뭄에 물기 한 방울 없는 푸석한 흙처럼 마음이 윤기를 잃고 칙칙하고 거칠어져 갔다. K씨는 얼굴에서 웃음기가 사라졌고 자주 멍한 표정을 지으며 초점 잃은 눈으로 어딘가를 넋 놓고 응시하는 일이 많아졌다.

중학생이 되면서 K씨는 폭식을 하기 시작했다. 무언가를 먹는 순간만큼은 아버지의 더러운 행위를 잊을 수 있었다. 엄청난 양의 음식을 빠른 시간에 먹어치웠다. 숨이 턱에 찰 정도로, 배가 터져 버릴 정도로 먹고 또 먹었다. 집 안에 있는 음식이란 음식은 모두 해치워야만 했다. 어머니는 K씨가 키가 크려고 그런다고 생각했다. 성장기에는 잘 먹어야 한다고 먹는 것에 대해 별다른 제지를 하지 않았다. 하지만 K씨의 몸이 급격하게 불어나기 시작하자 체중 조절에 대한 언급을 자주 했다. '이쁜 우리 공주님'이 '못

난이 똥돼지'로 변했다고 놀리곤 했다. 학교에서도 친구들과 선생님의 시선이 달라지는 것을 느꼈다. 몸이 변하니 무시와 조롱이 날아들었다. 몸에 살이 몇 cm 더 달라붙었을 뿐인데 인격까지 폄훼를 당했다. 가뜩이나 친구가 없는 K씨는 공공연하게 따돌림을 당했다. 학교에서 만나는 사람들은 K씨에게 경멸과 조롱의 눈길을 보냈고, K씨 앞에서 대놓고 욕설과 폄하 발언을 했다.

놀라운 변화는 비만이 되니 아버지의 성폭행 횟수가 줄었다는 것이다. 아버지는 K씨의 육중한 몸을 혐오했다. 살을 빼야 예전처럼 예뻐해 줄 수 있다고, 사랑해 줄 수 있다고 중얼거렸다. 그런 몸을 하고 있으면 아무도 관심을 두지 않고, 아껴 주지 않을 거라고 자주 말했다. K씨는 드디어 자신의 몸을 보호하는 방법을 찾아냈다. 사람들은 뚱뚱한 몸을 비하하고 증오했다. 그리고 그런 몸을 한 사람을 멀리하고 인간으로 대우해 주지 않았다. 18세가 되었을 때 K씨는 키 158cm에 몸무게가 거의 100Kg에 가까워졌다. 사람들은 K씨를 보기만 해도 혀를 끌끌 찼다. 그 몸으로 뭘 하겠냐며 K씨의 미래까지 싸잡아 부정적이고 비관적으로 판단했다. 마치 몸에 붙은 살의 중량이 현재와 미래를 좌우하는 것처럼 말했다.

K씨가 19세일 때 아버지의 지위를 뒤흔드는 일이 발생했다. 아버지의 직장 부하 여직원이 아버지를 성추행범으로 고소한 것이

다. 이 일로 아버지는 고위직에서 해임되었다. 아버지는 무고죄, 명예훼손죄로 역고소했지만 판결은 뒤집어지지 않았다. 이때부터 아버지는 어머니와 K씨에게 언어 및 신체 폭력을 행하기 시작했다. 그동안 어떻게 그 폭력성을 교묘하게 감춰 두었는지 심하게 의문이 갈 정도로 아버지의 폭력성은 잔인했다. 어머니의 장기가 파열되도록 발길질과 주먹질을 해댔고 머리도 가차 없이 가격했다. 어머니의 목을 조르고 닥치는 대로 때렸다. K씨의 아버지는 술을 매일 마셨다. 술을 마시고 취하면 본성이 날뛰기 시작했다. 술이 깨더라도 별로 미안한 기색은 없었다.

  K씨는 어머니에게 아버지를 가정폭력범으로 신고하고 이혼하라고 반복해서 말했다. 그러나 어머니는 아버지가 괜찮은 직장만 구하면 예전의 상태로 돌아갈 것이라고 굳게 믿었다. 지금은 여러 가지 힘든 상황 때문에 저런 행동을 하지만 조금만 참고 기다려 주면 옛날의 좋은 시절로 되돌아갈 수 있을 것이라고 어머니는 입버릇처럼 말했다. 그러나 K씨는 예전으로 절대 다시 돌아갈 수 없음을 알았다.

  그래서 어머니를 아버지와 분리하고 최소한의 안전을 확보하기 위해 아버지가 K씨를 어려서부터 성폭행해 왔음을 어머니에게 알렸다. 이 폭로를 들었을 때 어머니는 충격에 빠져 헤어 나오지 못했다. K씨에게 별다른 말은 하지 않았지만 그 표정에서 오만가지 감정이 느껴졌다. 그러다 꼬박 이틀을 지내고 어머니는 K씨에게 말했다. 네가 한 말은 사실이 아니라 지어낸 이야기일 뿐이라고. 아버지의 폭력을 참기 힘들어서 이 상황을 회피하려고 그런 상상을 한 것이라고. 어머니의 답변을 듣는 순간 K씨의 마음에서 가까스로 잡고 있던 희망의 끈이 툭하고 끊기는 것 같았다. 마음이 싸늘하게 식고 깜깜한 나락으로 추락하는 기분이었다. 검은 바닷속으로 끝없이 가라앉는데 누구도 손을 내밀어 주지 않는 느낌. 공기 한 줌 없는 밀폐된 공간에 갇혀 있는데 사방의 벽이 점점 자신에게 좁혀져 오는 듯한 느낌, 숨도 쉴 수 없고 심장이 정지된 느낌, 내장을 기름에 담근 듯 밍글거리고 토할 것 같은 느낌이 한꺼번에 몰려왔다.

숨을 쉴 수 없고, 온몸의 감각이 느껴지지 않고, 감정을 주체할 수 없다고 느낄 때 K씨는 자해를 했다. 손목에 커터 칼을 대서 그으면 새빨간 피가 흘러나왔다. 피가 흐르면 숨구멍이 트인 것 같은 느낌이 들었다. 자해는 당장이라도 터질 것 같은 감정 상태에 바늘구멍만 한 출구를 내주는 것 같았다. 처음에는 가족이 모르게 가볍게 상처를 내고 밴드를 붙여 가렸지만 자해의 횟수가 늘어날수록 상처 부위는 커지고 잘 가려지지 않았다. K씨의 자해는 학교에서 발각되었다. 화장실에서 손목을 그었는데 지혈이 되지 않았다. 하는 수 없이 보건실에 가야 했고, 보건실 교사가 이 사실을 부모에게 알렸다.

부모는 K씨가 왜 자해했는지에는 관심도 두지 않고 또다시 자해할까 봐 벌벌 떨었다. 아무런 부족함 없이 자란 것 같은 K씨의 자해를 사람들이 어떻게 볼까에도 전전긍긍했다. 자해를 할 만한 도구는 모두 치우고 K씨의 행동 일거수일투족을 감시했다. 부모의 이런 통제와 감시에 K씨는 더 숨이 막혔다. 화장실도 마음 놓고 가지 못했다. 부모는 이런 감시가 K씨의 안전을 위한 것이라고, '다 너를 위한 것'이라고 둘러댔지만 K씨에게는 이런 통제가 자신의 목을 조르는 것처럼 견딜 수 없이 느껴졌다.

K씨는 더 이상 이 공간에 머물 수 없다고 생각했다. 성폭행과 가정폭력을 일삼는 아버지와 침묵으로 일관하는 무기력한 어머니와는 한 공간에서 숨을 쉬고 살 수는 없다고, 살기 위해 자해를 했지만 자신을 더욱 죽음으로 몰아넣는 부모와는 함께 있을 수 없다고, 여기를 벗어나면 어디든 이곳보다는 나을 것이라고 생각했다. 집과 최대한 멀리 떨어진 대학교를 정해 입학 지원서를 넣고 합격했다. K씨와 가족의 분리는 명분상으로는 대학 학업이었지만 심리적으로는 가출과 다르지 않았다. 대학생 신분으로는 할 수 있는 것이 많았다. 폭식에 음주와 흡연이 따라왔다. 자극적이고 위험한 이성 교제도 이어 갔다. 아무리 많은 음식을 먹고 술에 취하고 줄담배를 피워대고 이성과 성적 접촉을 해도 K씨의 마

음은 채워지지 않았다. 마음은 공허하고 고독했으며, 조그만 소리에도 소스라치게 놀라고, 자기 감정도 타인의 마음도 가늠할 수가 없었다.

K씨는 겁에 질린 거대한 코끼리 같았다. 쇠사슬에 묶였다가 지금은 가느다란 끈에 묶여 있지만 여전히 과거의 망령에 사로잡혀 오도 가도 못하는 가련하고 슬픈 코끼리, 그것이 K씨가 바라보는 자기 모습이었다. 사람들은 K씨의 겉모습만 보고 그를 쉽고 거칠게 대했다. K씨도 그들의 학대가 자신의 공허함을 채워주는 유일한 수단이라고 생각했다. 그렇게라도 사람을 옆에 두지 않으면 자신의 존재가 사라져 버릴 것만 같았다. 슬픔과 외로움이 사무칠 때는 의미 없는 농담과 웃음으로 자신을 감췄다. K씨의 유머는 사람들을 즐겁게 했고 호감으로 이어지기도 했지만 K씨와의 관계를 진지하게 발전시켜 나가려는 사람은 없었다. K씨를 진정으로 이해하려는 사람도 없었고 그의 내면에 관심을 가지는 사람도 없었다.

그러다 대학교 3학년 때 K씨에게 진심어린 관심을 보이는 듯한 남자를 만났다. 이 남자는 어딘가 어둡고 묘한 분위기를 풍겼다. 쉽게 다가갈 수 없는 위엄 같은 것도 느껴졌다. 이 남자는 K씨를 깊은 눈으로 오래도록 지그시 바라봤다. K씨는 이 시선이 처음에는 부담스러웠지만 시간이 지나면서 그의 눈길을 간절히 바라게 되었다. K씨에게 이 남자가 자신을 사랑해 줄 수 있을 것이라는 기대가 생겼다. 특별한 누군가에게 사랑받으려면 몸을 아름답게 가꿔야 한다는 아버지의 오랜 주문이 떠올랐다. 이제는 아버지의 손에서 벗어났으니 체중을 방패 삼지 않아도 될 거라고 여겼다. 그때부터 K씨는 혹독한 다이어트를 시작했다. 최소한의 음식물을 섭취하고 하루에 5시간 이상 운동을 했다.

효과는 서너 주 후부터 나타나기 시작했다. 사랑받으려면 날씬한 몸매와 예쁜 얼굴이 있어야 한다는 왜곡된 신념이 K씨를 극한의 상황으로 밀어 넣었다. 겉에 드러나는 모습을 매력적으로 만들려고 애를 쓰면서 속은 병들어 갔다. 체중이 급격하게 줄어들면서 빈혈과 복통, 변비 등의 문제가 나타났다. 피부가 건조해지고 몸이 좀체 따뜻해지지 않고, 저혈압이 심해지고 월경이 불규칙해졌다. 영양분의 부족으로 골다공증이 생긴 것은 많은 시간이 지나서야 알게 되었다. 속은 엉망이 되었지만 겉으로 드러난 K씨의 모습은 번데기를 벗은 나비 같았다.

그 남자는 이런 K씨에게 적극적으로 다가왔다. 그 남자의 사랑을 받기 위해 모진 고생을 이겨 낸 K씨는 그 남자의 구애가 고맙기만 했다. 그 남자가 손을 내밀었을 때 K씨는 일말의 망설임 없이 그의 손을 잡았다. 그와 함께 있으면 자신의 쓰라린 과거가 치유되고 행복해지리라는 상상에 잠겼다. 그와 함께 있으면 어떤 모진 시련이 와도 이겨 낼 수 있겠다고 여겨졌다. 그와 만나기 시작하면서 K씨는 처음으로 미래를 희망으로 그려 볼 수 있었다. K씨에게 미래는 항상 우중충하고 검은 구름이 드리우고 때론 핏빛으로 물들어 있었다. 수도 없이 많은 크고 작은 쇠공들이 사방에서 몰려오는 위험하고 갑갑하고 고통스러운 곳이 미래였지만 그 남자는 그런 위험 요소들을 막아 줄 것 같았다. 그 남자는 K씨와 만나는 것을 좋아하는 것 같았지만 별다른 표현은 하지 않았다. K씨는 항상 그 남자의 안색과 기분을 살폈다. 그의 표정이 좋지 않다고 느끼면 초조하고 조바심이 들었다. 그의 기분을 풀어 주려고 괜한 농담도 하고 재미있는 이야기도 했다.

그 남자는 만난 지 한 달 만에 잠자리를 요구했다. 그의 요구를 거절하면 안 될 것 같았다. K씨는 그 남자와의 성관계를 허락했다. 하지만 그와 밀폐된 공간에 들어가자 K씨는 숨을 쉴 수가 없었다. 손발이 떨려오면서 구역질이 치밀어 오르기 시작했다. 눈은 멍해지고 심장이 미친 듯이 뛰었다. 등줄기에 흐르는 식은땀, 극도의 긴장과 공포감이 몰려왔다. 남자는 K씨의 상태를 감지하고 쉴 수 있도록 배려했다. 이불도 덮어 주고 땀도 닦아 주었다. 남자의 따뜻한 손길에 어느 정도 마음이 안정된 K씨는 자신이 어린 시절 겪었던 끔찍한 경험을 털어놓았다. 남자는 아무 말 없이 K씨의 이야기를 들어주었다. 자신의 이야기를 처음으로 털어놓으면서 K씨는 그 남자가 자신의 치욕스럽고 고통스러운 과거를 모두 끌어안아 주리라고 믿었다. 이 남자에게 자신의 전 인생을 걸어도 좋겠다는 생각이 들었다.

K씨는 그를 놓치지 않으려고 그와의 결혼을 결심했다. 부모는 대학을 졸업한 후에 결혼해도 늦지 않다고 말했지만 K씨에게 대학 졸업장은 중요하지 않았다. 졸업을 한 학기 남겨 두고 K씨는 휴학을 했다. 그 남자는 K씨의 아버지가 K씨에게 저지른 악행을 알고 있으면서도 별다른 내색은 하지 않았다. K씨는 남자와 사귄 지 6개월 만에 결혼했다. 남자의 부모는 단칸방을 월세로 얻을 정도의 지원만 했을 뿐 아직 학업을 마치지 않은 남자에게 무관심했다. K씨는 중소기업에 취직해 생활비를 벌었다. 남자는 취직하기 전까지 집안일을 거들어 주고 K씨에게 살갑게 대해 주었다. K씨는 직장생활이 힘들었지만 남자와 함께 있어서 행복했다. 다행히 남자는 졸업과 동시에 취업이 되었다. 그리고 그즈음 K씨는 자신이 임신한 사실을 알게 되었다. 남자에게 이 소식을 전하니 남자도 기뻐하는 눈치였다. K씨는 당분간 직장에 더 다니고 싶었지만 의사가 임신 초기에 유산할 위험 징후가 보인다고 하여 직장을 그만둘 수밖에 없었다. K씨는 입덧을 모질게 경험했다. 아무것도 먹을 수가 없었고, 조금 먹은 것도 토하기 일쑤였다. 하루 종일 힘이 없고 메스꺼운 상태가 계속되었다. 그즈음 남

자는 직장생활을 핑계로 퇴근 시간이 점점 늦어졌다. K씨는 혼자서 오롯이 그 시간을 보내며 고통을 겪어야 했다. 임신 4개월이 지나자 입덧도 나아지고 안정기에 접어들었다. 그러나 점점 배가 불러올수록 허리와 다리에 통증이 잦아졌다. 찌릿하게 내리누르는 듯한 기분 나쁜 통증이 한동안 계속되었다. 남자는 K씨의 하소연에 무덤덤하게 반응했다. 남자는 밤늦게 와서 아침 일찍 집을 나갔다. 집안일과 출산 준비는 K씨 혼자 떠맡았다.

K씨는 혼자 남겨졌다는 생각으로 외로움과 고립감을 자주 느꼈다. 남자는 K씨의 마음과 상태가 어떤지 관심이 없었다. K씨에게 다가올 때는 성관계를 요구할 때뿐이었다. 만삭이 다가오면서 성관계가 불편해지자 남자는 다른 통로로 성욕을 해결하는 것 같았다. K씨는 이 부분에 대해 따져 묻지 않았다. 자신이 선택한 남자에게 배신감을 느낄까 봐 두려워 현실을 묻어 두는 것이 낫다고 스스로에게 타일렀다. 시간이 지나면 다시 자신을 사랑해 주겠지 하는 희망을 품었다.

출산일이 가까워져 오자 K씨는 불안하고 두려웠다. 건강한 아이를 안전하게 출산할 수 있을지, 아이를 어떻게 키워야 할지, 알지 못함에서 오는 두려움이 산을 이뤘다. 남자는 K씨의 이런 걱정과 불안에 관해 별것 아닌 듯 대꾸했다. "다른 사람도 다 하는 일을 뭘 그리 별스럽게 구냐?"며 면박을 주곤 했다. K씨는 출산

예정일보다 일주일 빠르게 양수가 터졌다. 갑작스럽게 출산이 진행되었다. 남자는 다른 지방에 출장을 가 있었다. K씨는 모진 고통을 혼자 감내하며 이를 악물고 아이를 낳았다. 아이는 다행히 건강했고 딸이었다. 산후조리는 시어머니의 도움을 받았지만 마음이 편하지 않았다. 2주 동안의 산후조리 기간이 가시방석 같았다. 남자와 시어머니는 아들을 바란 눈치였다.

출산 2주 후부터 K씨는 오롯이 혼자 육아와 살림을 떠안아야 했다. 남자는 회사 생활이 피곤하다며 다른 방에서 자고 생활했다. 설거지나 청소도 한 번 하지 않았다. "여자가 집에서 하는 일이 뭐냐?"며 집에 있는 것은 놀고먹는 것과 같다는 말을 자주 했다. 아이는 건강하게 자랐지만 가계 형편은 좀처럼 나아지지 않았다. 남자는 걸핏하면 술자리에서 기분을 낸다며 카드를 긁었고, 회사 동료며 친구들을 집으로 초대해 술판을 벌였다. K씨는 남자의 요구사항을 말없이 들어주었다. 남자는 자신이 집안에서 왕이 된 듯이 행동했다. 남자는 여러 사람이 있는 데서 K씨를 비하하거나 꾸짖는 행동도 서슴지 않았다. K씨의 말을 이유 없이 반박하고 되바라진 소리 좀 하지 말라며 K씨의 입을 막았다. 그럴 때마다 K씨는 자신의 존재가 쭈그러드는 느낌이었다. 자신이 점점 작아져서 콩알만 하게 되어 사라지는 기분이었다.

아이가 여서일곱 살쯤 되었을 때 남자는 직장을 그만두고 사업을 한다고 통보했다. 구체적인 계획도 세부 지식도 없는 상태에서 남자는 사업을 해야 성공한다며 처가에서 돈을 구해 오라고 했다. K씨는 아버지에게 죽어도 손을 벌리기 싫었지만 남자의 요구가 빗발쳤다. 아버지는 득의만만한 표정을 지으며 K씨가 요청한 돈을 내놓았다. '네가 내 손바닥 안에 있지 어디 가겠어!' 하는 듯한 표정을 보고 K씨는 소름이 끼쳤다.

  운이 좋았는지 남자의 사업은 잘 풀렸다. 3년 만에 아버지에게 빌린 돈을 갚을 수 있었다. 남자는 사업을 하는 동안 출장이다, 야근이다 하며 자주 외박을 했다. K씨는 남자가 집에서 최대한 편안하게 지내도록 배려했다. 돈을 어느 정도 모았다고 생각한 남자는 투기를 하기 시작했다. 불안한 마음에 K씨가 이를 걱정하면 남자는 "재수 없게 여자가 남자 하는 일에 감 놔라 배 놔라 한다."고 면박을 주었다. K씨의 걱정이 현실로 나타난 것은 그리 오래지 않아서였다. 남자는 투기꾼들의 말을 믿고 거의 전 재산을 쏟아부었다. 남자는 세상이 자기 손안에서 돌아간다고 믿었지만 이 믿음이 산산조각 난 것은 3년도 채 걸리지 않았다. 투기꾼들은 남자에게 거액의 빚까지 지게 했다. 알거지 꼴이 된 남자는 매일 술을 마셨다. 남자의 건강이 걱정된 K씨가 뭐라도 한마디 하면 남자는 불같이 화를 냈다. 그리고 이 모든 실패의 원인이 K씨라고 몰아갔다. 그리고 또다시 K씨의 아버지에게 빚을 갚아 달라고 조르게 했다.

K씨가 남자의 말에 따르지 않겠다고 하자 남자는 폭언과 폭력을 저지르기 시작했다. 점점 심해지는 고함과 주먹질과 발길질에 K씨는 아무 대응도 하지 못했다. 이제는 중학생이 된 K씨의 딸이 보다못해 K씨에게 이혼하라고, 엄마와 둘만 살아도 괜찮다고 말했지만 K씨는 선뜻 이혼이란 말을 입에 담지 못했다. 사회적 시선도 두려웠고 이혼하면 살길이 막막했기 때문이다. 그날도 남자는 술에 절어 K씨를 화풀이 대상으로 삼아 주먹을 휘두르고 있었다. 화가 난 딸이 중간에 막아섰다. 남자는 딸의 얼굴에 가차 없이 주먹을 가격했다. 이 모습을 본 K씨는 정신이 번쩍 들었다. 자신을 지켜주지 못한 엄마의 모습이 떠올랐다. K씨는 자신도 엄마와 똑같은 인간이 되기는 싫었다. 자신이 폭력의 대상이 되는 건 괜찮지만 딸은 안 된다고 생각했다.

K씨는 남자에게 이혼하자고 소리쳤다. 남자는 기다렸다는 듯이 K씨의 말을 냉큼 받았다. 내일 당장 법원에 가지고 을러댔다. 그리고 위자료는 한 푼도 없다고 말했다. 아이가 아빠를 좋아하지 않으니 K씨가 맡아야 한다고 했다. 친권도 양육권도 남자는 간단히 포기해 버렸다. K씨는 남자의 행동이 이해가 가지 않았지만 딸을 이런 환경에서 하루도 더 이상 있게 하고 싶지 않아서 협의 이혼을 했다. 아이가 미성년이라 3개월의 조정 기간이 필요했

다. 법원에서 판결을 받은 지 얼마 후 K씨는 충격적인 사실을 알게 되었다. 남자가 재산의 대부분을 다른 곳으로 빼돌려 놓은 것이다. 사기를 당하고 빚을 졌다는 것도 거짓말이었다. 남자에게는 오래전부터 다른 여자도 있었다. K씨가 먼저 이혼을 제안하게 하기 위해 남자는 온갖 간악하고 치졸한 방법을 썼다. K씨는 한동안 충격에서 헤어 나오지 못했다. 하루가 어떻게 지나가는지 실감이 나지 않았다. 제정신으로는 살 수가 없었다.

이렇게 넋 놓고 얼마 동안을 보내던 K씨는 딸을 위해서라도 정신을 차려야 한다고 마음을 다잡았다. 하지만 아버지와 남자가 자신에게 행한 일들이 시도 때도 없이 생각나고 또 생각났다. 밥을 먹을 때도, 볼일을 볼 때도, 길을 걸을 때도, 잠자리에 들어도 끊임없이 생각이 몰아쳐 들어왔다. 그때마다 억울하고 분하고 원통함에 사무쳐 가슴을 쳤다. 가슴에 멍이 들도록 세게 두드려도 마음은 조금도 나아지지 않았다. 잠도 잘 들 수 없었고, 작은 소리에도 소스라치게 놀라고, 식은땀이 흐를 때가 한두 번이 아니었다. 가슴이 갑갑해지면서 배에 무언가 딱딱한 것이 만져지기도 했다. 원인을 알 수 없는 통증이 자주 찾아왔다. K씨는 이러다 죽는 것이 아닌가 하는 생각에 두려움이 밀려왔다. 자신이 죽으면 어린 딸은 혼자 어찌 될까 하는 걱정이 산을 이뤘다.

병원 검진을 받아 보니 특별한 이상소견은 없었다. 의사는 심리적으로 매우 힘든 상태인 것 같으니 심리상담을 받아 보기를 권했다. K씨는 죽지 않기 위해, 조금이라도 마음을 다스리기 위해 상담을 받기 시작했다. 자신의 아픈 과거를 처음으로 들어준 남자의 배신 때문에 K씨는 마음을 열기가 죽을 만큼 힘들었다. 또다시 같은 경험을 하면 살아갈 수 없다고 여겨졌다. 사람에게 속마음을 털어놓는 일이 얼마나 위험하고 부질없는 일인지 K씨는 뼛속까지 알고 있다고 믿었다. 그러나 상담이 진행될수록 고통을 싸안고 있으면 아무것도 해결되지 않는다는 사실을 새롭게 알게 되었다. 자신에게 고통을 준 사람에 대해 함구하고 그의 행동이 자신에게 미친 영향을 직시하지 않으면 아무것도 나아지지 않는다는 사실, 그들의 범죄로 인해 자기 삶이 어떻게 변화되었으며, 그들이 행한 일은 반드시 처벌받아야 하는 극악한 범죄임을 시인하지 않으면 이 어둠의 구덩이에서 빠져나올 수 없다는 사실을 알게 되었다. 그리고 자신이 이런 모진 고통을 당하면서도 구제받을 수 없었던 사회 구조적 모순에 대해서도 눈이 열렸다.

가해자를 옹호하고 피해자의 입을 막고 행동을 제한하는 문화와 제도에 대해서도, 사람들의 왜곡되고 편협한 인식에 대해서도 조금씩 알아 갔다. 앎은 내면의 힘을 발생시켰다. 모를 때는 가해자의 세뇌와 주위 사람들이 말하는 잘못된 지식에 눌려 수치심을 느끼고 위축되어 아무 말도 못 했지만, 새롭고 올바른 지식이 들어오자 K씨는 자신이 느끼는 진짜 감정과 생각을 찾기 시작했다. 자신에게 범죄를 저지른 자들에게 어떻게 해 주면 좋을지도 생각했다. 처음에는 가해자가 자신의 앞에 서 있다는 상상만 해도 역겹고 화가 났다. 그들이 자신에게 가한 고통을 고스란히 겪게 해 주고 싶었다. 가해자들을 칼로 난도질을 하고, 도끼로 머리를 쪼개고, 활활 타는 불에 던져 넣어도 성에 차지 않았다. 분노가 끓어오를 때 고함치고 욕설을 퍼부어도 시원치가 않았다.

K씨는 상담을 진행하면서 자신이 느끼는 것과 생각하는 것이 틀린 것이 아님을 끊임없이 확인받았다. 그리고 그들이 자신에게 억지로 덧씌웠던 수치심과 혐오감을 벗어 버릴 방법을 모색했다. 수치심을 느껴야 하는 것은 가해자지 피해자가 아니다. K씨는 어려서부터 기록해 온 일기를 바탕으로 아버지가 자신에게 행한 성폭력, 언어 폭력, 정서 폭력의 내용을 시간에 따라 구체적으로 작성했다. 그 고통스러운 시간을 마주하면서 K씨는 흐르는 눈물을 멈출 수가 없었다. 어리고 약했던 자신에게 연민과 긍휼함이 느껴졌다. 이제는 아무도 자신을 함부로 하지 못하게 하리라고 다짐했고, 어린 시절의 자신을 토닥이고 안아 주었다. K씨는 폭력 목록들을 아버지에게 우편으로 보냈다. 아버지가 K씨에게 행한 일이 명백한 범죄임을 밝혔다. 자신이 보호하고 지켜주어야 할 어린 딸을 성적 도구로 삼아 저지른 끔찍하고 참담한 범죄

목록이 K씨의 손을 떠나 아버지의 손바닥으로 들어갔다. 아버지는 묵묵부답이었다.

K씨는 아버지에게 전화를 걸었다. 오랜 신호음 끝에 아버지가 전화를 받았다. 아무 말이 없는 아버지에게 K씨는 울면서 소리쳤다. 왜 나에게 그런 짐승 같은 짓을 저질렀냐고, 그 일을 내가 끝까지 말 안 할 줄 알았냐고, 당신 때문에 내 인생이 얼마나 고통스러웠는 줄 아느냐고, K씨는 고함을 지르고 욕설하며 속에 있는 분노를 아버지에게 내쏟았다. 그 이후 K씨는 분노와 억울함이 올라올 때마다 전화해서 자신의 심정을 토로했다. 아버지는 이렇다 할 반응을 보여 주지 않았지만 K씨의 분노는 조금씩 사그라들기 시작했다. 분노가 가라앉자 K씨는 좀 더 이성적으로 자신의 마음을 표현할 수 있었다. 어린 시절 영혼을 파괴당하는 끔찍한 범죄가 과거에 어떤 영향을 미쳤고 현재 자신의 인생에 여전히 어떤 영향을 미치고 있는지를 말로 할 수 있었다. 말을 하면서 K씨는 마음의 상처가 조금씩 치유되는 경험을 했다.

마음속에 감춰두었던 상처가 입을 통해 세상으로 나와 가해자의 귀에 들어가니 자신에게 조금씩 힘이 생기는 것 같은 느낌이 들고 통제감이 생기기 시작했다. 아무것도 자신의 마음대로 할 수 없었던 무기력감과 침체감에서 벗어나 이제는 자신이 의도한 것과 뜻하는 것을 할 수 있다는 통제감이 K씨에게 세상을 살아갈 힘을 주었다. 어떤 문제가 왔을 때 그것을 정면으로 맞부딪쳐 보리라는 의욕도 생겼다. 무기력하게 상황에 따라 흔들리던 자신의 과거 모습과는 사뭇 다른 모습이었다.

몇 달 후 아버지에게서 편지가 왔다. 그가 저지른 짓은 죽어서도 용서받지 못할 극악한 죄임을 시인하고 어떻게 하면 K씨의 마음에 조금이라도 위로가 될 수 있겠느냐고 묻는 편지였다. K씨는 그토록 바라던 아버지의 응답을 받았지만 조금도 기쁘지 않았다. 이토록 엄청난 범죄를 저질러 놓고도 법적인 처벌도 받지 않고 오히려 합의를 종용하는 듯한 아버지의 태도에 다시 분노가 일었다. 수십 년 전에 벌어진 일이라고 그 범죄의 심각성과 끔찍함이 줄어드는 것은 아닌데 사회와 제도와 법은 여전히 가해자 편이라는 생각에 치를 떨었다. 범죄를 저지른 자는 합당한 처벌과 징계를 받아야 사회에 경종을 울리고 유사한 범죄가 발생하지 않는다. 그런데 성범죄는 유야무야되는 경우가 많아서 지속적으로 범죄율이 증가하는 것도 큰 문제라고 생각했다. 가해자가 우위를 선점하고 피해자에게 마치 선심이라도 쓰는 양 합의를 제안하는 이런 행태는 더 이상 벌어져서는 안 된다고 생각했다.

그러나 K씨는 지금 아버지가 K씨에게 최초로 범죄를 저지른 때로부터 30년이 훨씬 지났다는 사실 때문에 망설였다. 지금 상황에서 어떻게 해야 자신의 삶을 당당하게 다시 살아갈 수 있을

지 깊이 생각했다. 지금까지 세상에서 주장하는 '용서'가 가능한 것인지, 가능하다면 어떤 과정을 통해 온전한 용서를 이룰 수 있는지, 그에 앞서 올바른 용서란 무엇인지를 K씨는 깊이 생각하고 또 생각하고 있다.

2장

트라우마의 영향

친족 성폭력 트라우마의 본질은 잠재적 보호자에게 버림받은 것과 결합된 극도의 무력감이다(Ogden et al., 2006). 트라우마를 촉발할 가장 강력한 상황은 무언가에 압도되어 무슨 수로도 탈출할 수 없음을 현실에서 반복해서 경험할 때이다. 친족 성폭력은 트라우마화될 가능성이 높은 범죄 중 하나이다. 트라우마는 신경생리학적, 인지적, 정서적, 신체적, 대인관계적, 영적 기능에 심각한 악영향을 미친다.

유년기의 정신적 외상은 뇌의 스트레스 반응 기전에 영구적인 변형을 초래한다(Levine, 2005). 뇌 발달이 끝나지 않은 유년기에 스트레스에 반복적으로 노출되면 뇌에서는 아드레날린과 노르아드레날린 수용체에 과도한 활동을 야기한다. 이에 따라 수용체 숫자와 민감성, 뇌 영역의 전반적 기능에 심각한 변화를 불러일으키고, 결국 스트레스에 적절하게 반응하는 능력을 영구적으로 손상시킨다(Perry, 1983). 스트레스 반응 기전이 과도하게 활성화되면 극도의 긴장감과 공포감을 느끼고 주위 사람의 표정을 예민하게 관찰하고 누군가 자신을 공격할 것 같아 지나친 경계심을 느낀다. 이러한 과각성 상태는 심박수를 비정상적으로 높이고 일상적인 자극도 위험신호로 인식하도록 한다. 이러한 상태는 주의력 결핍과 산만함, 공격성을 유발하기도 한다(Bruce et al., 2006).

또한 정신적 외상은 해리 상태를 유도할 수 있다. 해리 상태에서는 현실과 단절되어 실재감이 없어지고 감정과 육체적 고통이 줄어들면서 멍한 상태가 된다. 뇌에서 오피오이드가 분비되어 통증을 없애고 문제 상황에서 멀어진 것 같은 고요한 감정을 만들어 낸다. 이는 감정적 고통에 대처하기 위한 뇌의 스트레스 반응 시스템 중 일부다(Loftus, 2003). 성폭력 피해자는 가해자가 폭력과 학대를 저지를 때 해리 상태가 되어 단절, 비현실성, 무감각을 경험한다. 또한 성인이 되어 어린 시절 폭력 상황과 유사한 단서를 촉각, 시각, 후각 등 오감으로 느꼈을 때 해리 상태를 유발할 수 있다. 극도의 긴장과 스트레스 상황에서 뇌는 신체의 생존을 위해 헤로인 같은 마약 성분인 오피오이드를 분비한다. 이 물질이 분비되면서 피해자는 폭력 당시의 고통이나 통증을 느끼지 못한다. 이는 팔이 부러진 사람이 숲속에서 곰을 만났을 때 팔의 통증을 일시적으로 느끼지 못하는 상태와 유사하다. 사례의 K씨도 아버지에게 최초로 성폭행을 당할 때 뱀 앞의 개구리처럼 경직되어 아무런 저항도 할 수 없었고 고통도 느낄 수 없었다. 심지어 비명도 지를 수 없었다. 이렇게 감당하기 어려운 공포와 충격과 혼란에 처할 때 뇌는 마약 성분을 분비해 신체와 정신을 분리해 생존을 돕는다.

해리 상태는 기억의 통합을 저해한다. 해리를 경험하면 시간의 흐름에 따라 사건을 기억하지 못하고 순간순간의 자극을 파편화하여 저장한다. 이는 수많은 성폭력 피해자가 일관된 진술을 하지 못하는 원인이기도 하다. 극심한 신체적 고통과 생명의 위협에 대한 공포심을 감소시키기 위한 생존 전략이 후에 피해 사실의 입증을 교란하고 '신빙성 없는 진술'로 오인되는 이유로 작용하는 것이다.

문제는 트라우마 사건을 플래시백으로 재경험한다는 데 있다. 플래시백은 트라우마 사건을 구성하는 감각적 요소의 파편화로 경험된다(Ogden et al., 2006). 시간이 많이 흘렀음에도 사건 당시 접했던 시각, 청각, 후각, 미각, 촉각 등의 요소가 파편적으로 생생하게 회상된다. 플래시백은 눈앞에 나타나는 것처럼 생생하지만 이를 언어화하기는 어렵다. 트라우마 기억이 회상될 때는 우뇌가 활성화되고 언어를 관장하는 좌뇌의 뇌파에 이상이 발생하기 때문이다. 좌뇌가 정상적으로 기능하지 못하면 트라우마 사건과 관련된 단서를 접할 때 시간을 초월하여 당시 그곳에서 느끼던 공포, 과도한 긴장, 충격, 불안, 혼란을 고스란히 경험하지만 그 사건을 시간의 흐름에 따라 통합적으로 재구성하지 못한다.

트라우마와 관련된 파편적 자극을 접하거나 트라우마 사건과 유사한 상황에 맞닥뜨렸을 때 사건 당시의 반응을 보이게 된다. 자기 인생에서 일어난 중요한 일을 언어로 표현하지 못하는 것은 자신의 과거 역사를 삶에 통합시키지 못하고 각각 동떨어져 연결되지 못하는 섬처럼 분리된 여러 개의 자아로 자신을 인식하게 된다. 각각의 자아는 감정과 욕구와 성장 단계가 다르기 때문에 정체감 형성에 심각한 악영향을 미친다.

아버지의 성폭력이 최초 발생한 그 시점에서 K씨는 정서적으로 성장하지 못하고 고착되어 있다. 8세의 K씨가 원하고 필요한 것이 충족되지 못했기 때문에 결핍과 유기불안과 공포에 눌린 아이의 정서가 그대로 남아 있다. 또 성폭행을 겪었던 10세의 K씨, 가정폭력에 무방비로 노출된 19세의 K씨, 사랑이라고 믿으며 결혼을 감행한 23세의 K씨, 남자의 배신과 폭력을 고스란히 겪어야 했던 30대의 K씨는 각각의 자아로 분리되어 하나의 통합된 정체성을 확립하지 못한 채 엄청난 혼란을 경험해야 했다.

1. 트라우마의 인지적 영향

이상 사건은 피해자에게 인지적 왜곡을 초래한다 K씨의 경우, 친족 성폭력은 '세상은 안전하지 않다. 사람은 공식적인 모습과 사적인 모습이 다르다. 사람들은 나를 공격하고 이용한다. 세상에서 나를 보호해 줄 사람은 아무도 없다. 사랑받으려면 예뻐야 한다. 살려면 아무 말 하지 말고 참아야 한다. 비만은 혐오스럽고 사람들이 나를 거부하게 만든다. 진실하고 정직하면 상처만

받는다. 누군가와 가까워지려면 신체 조건을 갖춰야 한다.' 등의 인지적 왜곡을 초래했다.

세상은 안전하지도 믿을만하지도 않고 위험하다는 인식은 살면서 아무런 시도도 도전도 추구하지 못하도록 한다. 우리는 무언가를 시도하고 도전하고 성취하면서 효능감을 경험하고 자존감을 향상한다. 나는 어떤 것에 재능이 있고 이를 능력으로 키워 사회에 이바지하고 자아실현을 할 수 있다는 꿈을 갖게 된다. 그러나 트라우마 사건은 자신과 그 재능에 집중할 수 있는 기능을 파괴한다. 재능에 집중하고 발전시키려면 안전감이 필요하지만 트라우마는 이 기본적이고 필수적인 감각을 바닥까지 분쇄해 버린다. 사방에서 나를 공격해 온다고 생각하면 허리를 펴고 고개를 들고 있기도 힘들다.

마음을 드러내면 상처받고 버림받는다는 인지적 왜곡은 아무리 부당하고 폭력적인 피해를 당해도 이에 맞서거나 폭로하지 못하게 한다. 유년기의 유기불안은 생존과 직결된다. 사람은 본능적으로 자신을 보호하고 지키려 한다. 가해자가 친족일 경우 자신이 피해 사실을 밝히면 가해자와 더 이상 함께 살 수 없다는 사실과 관계가 지속될 수 없다는 사실을 직감적으로 안다. 가해자가 주는 물질적·정서적 지원이 있어야 생존할 수 있음을 아는 피해자는 피해 사실을 끝까지 숨기려 한다. 자신이 피해 사실을 밝혔을 때 다른 가족 구성원이 받을 충격과 피해를 감안해서라도 피해자는 사실을 되도록 감추려 하고 아무 일 없었던 것처럼 행동하려 한다. 피해자의 이런 행동은 가해자가 더 폭력적이고 끔찍한 범죄를 반복적으로 지속해서 저지르게 하는 원인으로 작용한다.

대부분의 성폭력 피해자가 공통으로 가지는 인지적 왜곡은 '나는 더럽혀졌다, 버린 몸이다, 깨진 그릇이다.' 등 존재의 결함에 대한 인식이다. 성폭력을 경험한 피해자는 자신의 존재를 혐오하고 폄훼하는 인식을 가진다. 범죄가 성적인 요소를 포함할 때 가해자가 아닌 피해자가 수치심, 죄책감, 자기 혐오감을 종종 느낀다. 범죄가 발생할 때 피해자는 당혹감, 혼란, 두려움, 무기력감 등을 느끼고 사건이 발생한 후 일정 시간이 지나면 분노와 좌절감, 복수심 등을 느낀다.

가해자가 자신에게 저지른 범죄를 생각하면 분노와 적개심, 복수심, 절망감, 단절감, 역겨움 등을 느낄 수 있지만 수치심은 피해자 내부에서 나오는 감정이 아니다. 수치심은 성범죄를 저지른 가해자와 가해자를 옹호하는 사회와 문화가 조장한 감정이다. 여성의 몸과 성기를 비하와 조롱과 터부의 대상으로 삼고 성착취를 남성의 권리로 주장하는 사회일수록 성범죄는 함구해야 할 범죄로 인식된다. 성범죄가 피해자의 삶을 얼마나 심각하게 짓부수고 파괴하는지에 대한 관심은 사라지고 성범죄를 희화화하고 농담거리나 성적 욕구를 자극하는 소재로 삼는다. 범죄가 일어난 원인을 피해자에게서 찾고 가해자에게는 면죄부를 준다.

사회가 견고하고 치밀하게 형성해 놓은 오래된 강간문화(여성에 대한 남성의 성적 공격성이나 폭력성에 대한 지지를 장려하는 신념이 존재하는 복잡한 문화; Buchwald et al., 1993, p. v.)는 범죄의 피해자가 수치심을 느끼고 침묵하게 한다. 수치심은 피해자가 느껴야 할 감정이 아닌데 주변인들, 법, 제도, 사회, 문화는 이를 피해자가 느끼도록 강요한다. 스스로 자기 존재를 깨지고 부서지고 더럽다고 여기면 피해 사실을 당당하게 밝히지 못하기 때문이다. 피해자 중 소수는 범죄 사실을 밝히지만 수사와 재판과정에서 또다시 수치심을 강요받기도 한다. 수치심은 나에게 결점이 있어서 사람들에게 거부당하고 소속될 가치가 없다고 믿는 극도로 고통스러운 느낌이나 경험이다(Brown, 2019).

결점은 강제로 범죄를 당한 사람에게 있는 것이 아니라 그것이 범죄임을 알면서도 저지른 가해자에게 있다. 존재에 대한 결함이 여과 없이 인식 속에 박히면 성범죄 피해자들은 성매매나 몸을 착취당하는 위험한 직업을 구할 확률이 높다. 일본의 성노예로 전쟁터에 끌려갔던 여자들이 천신만고 끝에 돌아왔을 때 사람들은 그들을 '창녀', '화냥년'이라 손가락질했다. 그들이 살기 위해 선택할 수 있는 길은 사람들의 손가락이 가리키는 직업을 갖는 것이었다.

　유독 성범죄에 대해 관대한 사회는 피해자의 인권과 삶과 미래를 한꺼번에 파괴하면서도 이에 대한 심각성을 전혀 인지하지 못한다. 우리 사회는 성범죄가 발생했을 때 피해자가 수치심을 느꼈는지가 가해자 처벌의 중요한 기준이 된다. 이는 지진이 발생했을 때 부상을 입은 사람에게 수치를 느껴야 한다고 주장하는 것과 같다. 수치심을 판결의 근거로 삼는 것은 엄청난 2차 가해다. 수치심은 범죄를 저지른 가해자가 느껴야지 피해자의 몫이 아니다.

　수치심을 느끼는 피해자는 자신의 신체상을 긍정적으로 인식하기 어렵다. K씨의 경우 사랑받으려면 예뻐야 한다는 왜곡에 사로잡혀 있었다. 사랑받기 위해 가해자가 좋아하는 몸의 형태를 유지하라는 강요는 우리 사회 전반에 비일비재하게 일어나고 있는 현상이다. 예쁘다는 기준은 정상적인 사람의 신체로는 도달할 수 없다. 165cm에 45kg은 저체중에 매우 비정상적인 조합이지만 사회는 이를 이상적인 몸이라고 세뇌한다. 이 기준에 도달하려고 여성들은 과도한 다이어트를 하고, 수술을 하고, 약을 섭취하면서 시간과 돈과 노력을 허비하고 건강까지 잃는다. 자신의 몸이 어떤 상태일 때 가장 건강한지 알지 못하면 거울에 비치는 자신의 몸에 끊임없이 스트레스를 받는다. 사회는 여성이 나이가 들어감에 따라 자연스럽게 변화하는 몸을 용납하지 않는다. 20대 때 몸매를 유지해야 자기 관리를 잘하는 것이고 심지어 임신했을 때도 몸매 관리를 강요한다. 이런 강요에 부응하지 못하고 체중이 증가하고 신체에 살이 붙으면 인격적인 비하와 모욕과 경멸이 쏟아진다.

K씨도 폭식으로 비만이 되었을 때 혐오와 조롱을 당했고 그의 미래까지 비관적으로 판단하는 사람들을 자주 마주쳤다. 살은 여성의 인생을 결정하는 중요한 잣대로 작용한다. 이런 사회적 인식으로 여성은 자기 몸을 채찍질하고 고문한다. 자기 몸을 편안하게 생각하지 않으면 신체적·심리적·정신적으로 피폐해진다. 끊임없이 타인과 자신의 몸을 비교하고 열등감을 가진다. 그러면서 자신을 혐오하고 사회적 기준에 도달하지 못하는 자신에게 좌절감을 느낀다. 그 사회적 기준이 잘못되었음은 조금도 인식하지 못한다. 사랑과 신체의 형태를 직결하면 이런 인지적 오류를 간파하지 못하고 계속해서 가해자와 사회가 조장하는 대로 끌려다녀야 한다.

2. 트라우마의 정서적 영향

친족 성폭력은 먼저 강력한 배신감을 느끼게 한다. 자신을 보호하고 지켜 주어야 할 양육자가 자신을 억압하고 착취하고 고통스럽게 하는 가해자가 되었을 때 피해자는 엄청난 충격에 빠진다. 은밀한 범죄를 저지를 때와 달리 평상시 가해자의 모습이 다를 때 심리적 혼란은 가늠하기 어려울 만큼 커진다. 자신이 겪은 일이 비현실이나 꿈이라고 자신을 세뇌하기도 한다.

가해자의 범죄가 자신을 사랑해서라고 합리화하려 하지만 마음속에는 비참함, 굴욕감, 자괴감, 무기력감, 절망감, 유기에 대한 불안감, 단절에 대한 두려움, 생존에 대한 위협감 등 엄청난 감정이 교차한다. 이런 감정들을 표출하지 못하고 계속 억눌려 놓으면 뜻하지 않은 상황에서 어떤 대상에게 분출하게 되거나 신체 증상, 자해, 자살 등으로 나타날 확률이 높다. 한 연구(김수정, 2018)에 따르면, 성폭력 경험이 있는 아동은 피해 경험이 없는 아동보다 자살 위험이 2.84배 높은 것으로 나타났다. 아동, 청소년 성폭력 피해자 1,021명 중 자살 사고가 있는 비율은 46.6%, 자살을 계획한 비율은 25.4%, 자살을 시도한 비율은 21.1%였다.

또 친족 성폭력은 극심한 고립감을 야기한다. 가장 가까운 가족에게도 피해 사실을 털어놓지 못하는 피해자는 누구와도 연결되어 있지 못하고 이 세상에 홀로 남았다는 느낌을 지속적으로 받는다. 자신을 방어하고 보호할 수 없는 미성년 시기에 느끼는 이러한 고립감으로 탯줄이 잘린 아기처럼 생존에 대한 극심한 공포와 회의를 느끼게 된다. '이 세상에 내 편은 아무도 없고 그 누구도 나를 도와주지 못해.' '살아 봐야 아무런 희망이 없어.' '죽고 나면 모든 게 편해질 거야.' '우리 가족은 나만 없으면 행복할 거야.' 등의 생각에 사로잡히게 된다. 가족에게 비밀을 폭로했을 때 가족의 반응에 따라 고립감이 더 깊어지기도 한다. 가족이 자신의 피해 사실을 의심하거나, 눈치를 채면서도 쉬쉬하거나, 피해자에게 함구하라고 강요할 때 피해자는 더 큰 고립감 속에서 죽음을 생각한다. 그리고 이러한 고립감은 자살에 이르는 가장 강력한 원인으로 작용한다(김태형, 2017).

친족 성폭력은 가장 안전하고 편안해야 할 장소를 끔찍하고 고통스럽고 회피해야 할 범죄의 장소로 돌변시키는 범죄다. 안전감과 평화를 누릴 수 있는 곳은 지구상에 아무 데도 없다. 가정 이외의 장소에서 낯선 이에게 범죄를 당하면 집이라는 공간으로 피신할 수 있다(Li, 2018). 위험이 인지될 때 피할 수 있는 공간이 있다면 심리적 안정을 찾는 데 도움이 된다. 하지만 친족 성폭력은 대부분 가정에서 자행된다. 가해자와 한 공간에 머무는 것은 사자와 사슴을 한 우리에 가두는 것과 같다. 가해자가 언제 범죄를 저지를지 모르기 때문에 피해자는 항상 초긴장 상태가 된다. 긴장 상태를 완화하지 못하고 지속되면 신체적으로 이상 증상이 나타난다. 근육이 경직되고 심장 박동수가 증가한다. 천적의 움직임에 모든 신경을 바짝 세우는 초식동물처럼 안절부절못하고 초조함과 불안함을 느낀다. 숨조차 제대로 쉬기가 힘들어진다.

이 초긴장 상태를 해소하기 위해 피해자는 가해자의 범죄 행위를 유도하기도 한다. 범죄 행위가 끝나야 약간의 공백기가 생기기 때문에 피해자는 생존을 위해 상황과 분위기를 미리 만들기도 한다. 몸이 경직되고 긴장된 상태가 지속되면 생명에 위협을 느낀다. 살기 위해 구사한 생존 전략으로 피해자는 다시 죄책감과 수치심을 느낀다. 가해자는 이런 상황을 착각해 피해자가 성폭력을 좋아한다고, 성관계에 합의했다고 주장한다. 성폭력 피해자가 성범죄 사건 당시 가해자에게 호응하고 협조하는 것처럼 보이는 이유는 생명을 보호하기 위해서이다. 반항하고 거부하면 가해자가 피해자에게 극악한 해를 가할 수 있음을 너무나 잘 알고 있기 때문에 힘과 권력의 불평등 관계에서 피해자는 살아남기 위해 가해자의 비위를 맞춰야 하는 비참하고 고통스러운 상황에 처한다.

성폭력 피해자가 갖는 공통적인 감정 중 하나는 무기력감이다. 범죄가 발생하는 상황에서 피해자는 어떤 조처를 하거나 제대로 대처하지 못했다는 무기력감을 느낀다. '그 당시 나는 아무것도 할 수 없었다. 가해자가 범죄를 저지르는 대로 두고 볼 수밖에 없었다. 소리조차 지르지 못하고 손가락 하나 까딱할 수 없었다.' 등의 회고는 무기력감을 상승시킨다. 자신이 의도한 대로 아무것도 할 수 없다는 무기력감은 인생의 바닥부터 파괴한다. 우리는 상황이 통제할 수 있고 예상 가능하다고 느낄 때 무언가를 시도하고 도전할 수 있다. 어떤 예상치 못한 위험이 갑자기 들이닥친다고 여길 때 할 수 있는 최대의 대처는 몸을 웅크리고 꼼짝하지 않는 것이다. 고개라도 들었다가 날아오는 쇠공에 맞을지 모른다고 여기면 더욱 고개를 아래로 숙이고 몸을 움츠릴 수밖에 없다.

 무기력감은 어떠한 일을 감당할 수 있는 기운과 힘이 없다고 느끼는 상태다. 성폭력을 당한 피해자가 이불에서 나오지 않으려는 현상은 무기력감과 밀접한 관련이 있다. 무기력감이 깊어지면 일상생활을 해 나가기가 힘들다. 잠자리에서 일어나는 것부터 세면, 양치, 식사, 옷 입기, 외출 준비하기 등의 사소한 일도 버겁게 느껴진다. 무기력감은 삶을 지탱하는 최소한의 의욕과 활기까지 빼앗는다. 따라서 무기력감을 느끼는 피해자는 침울해지고 자신을 무능한 존재로 인식한다. 주변인들이 '왜 이런 것도 못 하냐?'라는 핀잔을 주면 피해자는 더욱 깊은 수렁으로 빠져든다. 이 무기력한 상태에서 피해자는 끊임없는 자기검열과 자기 회의에 사로잡힌다. '내가 그런 말은 하지 말아야 했는데…. 내가 그곳에 가지 말아야 했는데…. 내가 그렇게 행동하지 말아야 했는

데….'라고 생각한다.

하지만 범죄가 발생한 근본 원인은 가해자에게 있다. 아무리 피해자가 대처를 야무지게 해도 가해자가 범죄를 저지르기로 결심한 이상 범죄는 발생하게 되어 있다. 가해자의 무력과 권력에 의해 강압적으로 범죄를 당하는 피해자가 할 수 있는 최선은 그 범죄 현장에서 살아남는 것뿐이다. 생존 자체가 삶의 통제력을 회복하는 가장 중요한 열쇠임을 모든 피해자는 알아야 한다.

성폭력 피해자는 심한 절망감을 느낀다. 아동·청소년기에 겪는 좌절과 무망감은 성인기 이후의 삶에도 강력한 영향을 미친다. 아동·청소년기는 꿈을 키우는 시기다. 꿈을 꾸면서 자신이 원하는 대로, 행복하게 살 수 있는 길을 모색하고 미래를 계획한다. 자신의 재능이 무엇인지 찾고 다양한 경험을 추구하면서 장래를 희망으로 채워 넣는 시기가 아동·청소년기다. 그러나 친족 성폭력은 이 꿈과 미래를 산산이 부서뜨린다. 자기 신체를 억압당하고 착취당하는 아이가 장밋빛 미래를 꿈꿀 수는 없다. 신체의 자유와 안전이 심리적·지적·영적 성장에 중요한 역할을 하므로 신체가 극심한 폭력과 학대에 시달리면 아동은 성장을 멈춰 버린다.

성장이 정지된 아이는 신체 나이에 걸맞지 않은 말과 행동을 한다. 서너 살 아이처럼 칭얼댄다거나, 작은 물건에 지나치게 집착한다거나, 생떼를 쓰거나, 분을 못 이겨 물건을 던지고 깨뜨리는 행동을 할 수 있다. 또는 충동적으로 자신이나 타인에게 폭력을 가할 수 있고, 지엽적인 문제에 사로잡혀 과도한 걱정과 근심에 빠질 수 있다. 나이에 비해 조숙하거나 성적으로 문란해질 수도 있다. 상식적으로 일어나지 않을 일을 두려워하고 극심한 불안을 경험할 수 있다. 미래는 꿈과 희망이 아니라 암울함과 비극과 절망으로 다가온다. 희망을 품지 못하면 숨 쉬는 매 순간이 고통이 된다. 우리는 아무리 힘들고 어려운 상황에 처해도 앞으로 더 나아지리라는 희망이 있으면 그 고통의 시기를 극복할 힘이 생긴다. 그러나 성폭력 피해자는 친족의 범죄로 인해 희망 자체가 소멸해 버린다. 이런 끔찍한 범죄가 언제 끝날지도 모르고, 범죄를 중단할 방법도 모르고, 게다가 주위 사람들조차 모르는 체한다면 인생을 연명할 어떤 희망도 품지 못하는 것이다.

또 친족 성폭력 피해자는 극심한 유기불안을 경험하기도 한다. 누군가로부터 버려지리라는 불안은 자신을 해롭게 하는 사람에게도 집착하고 건강하지 못한 방법으로 관계를 이어 가도록 한다. 버려지지 않기 위해 상대방의 일거수일투족을 감시하고 통제하고 간섭하려 한다. 친구를 사귀면 그가 원하는 대로 모두 맞춰 주려 하고, 자신의 의견과 감정은 하찮게 여긴다. 그 친구를 잃지 않기 위해 자신의 모든 것을 쏟아붓지만 이는 오히려 역효과를 낳는다. 상대방은 동등한 친구관계를 원하지 종을 원하지 않기 때문이다.

피해자도 이런 관계가 편하거나 즐겁지 않고 고통스러운데도 그 관계를 유지해 나가려고 필사적으로 노력한다. 가장 친근한 대상에게 배신당하고 버려지고 학대당한 피해자는 이 같은 끔찍한 고통을 다시 당하지 않기 위해 죽을힘을 다해 자신이 생각한 '최선'을 실행한다. 피해자가 생각한 '최선'을 상대방은 종종 '최악'으로 인식한다. 이런 다가올 고통을 직감적으로 아는 피해자는 주위에 아무도 가까이 오지 못하게 하기도 한다. 항상 어둡고 무표정한 얼굴로 구석을 차지하고 어느 누구의 눈에도 띄지 않으려 하고 누군가 자신에게 관심을 가지는 것을 극히 꺼린다.

유기불안은 유아가 스스로 생존하지 못할 때 양육자에게서 버림받는 것에 대한 극심한 두려움에서 야기된다. 이 말은 스스로 어느 정도 자신을 돌보고 보호할 수 있다면 유기불안은 더 이상 느끼지 않아야 함을 뜻한다. 성인이 된 사람은 누군가로부터 버려지거나 누군가를 버릴 수 없다. 사람은 물건이나 쓰레기가 아니라 독립되고 주체적인 존재이기 때문이다. 버림받는다는 의미가 여전히 강력하게 영향을 미치는 이유는 버림받음이 생존과 직결되어 있기 때문이다. 유년기에 친족 성폭력을 당한 피해자는 가해자가 자기를 버릴 것이라는 공포에 짓눌려 살았다. 가해자는 자신의 권력과 경제력을 이용해 피해자를 버릴 수 있다고 직·간접적으로 위협한다. 버려짐을 죽음과 직결시키는 것이다. 유년기에 죽음을 염두에 두고 살아야 하는 상황은 인간이 상상하지 못할 끔찍한 불안과 공포를 야기한다. 유년기는 죽음이 아니라 삶을, 미래를, 꿈을 떠올리고 이것들로 채워야 하는 시기다.

성폭력을 당한 피해자는 자기 신체에 대한 극심한 혐오에 빠지기 쉽다. 가해자는 피해자의 신체를 성적으로 착취하고 유린하면서 관계를 유지했다. 이 때문에 피해자는 신체를 사랑받기 위해 이용해야 하는 최우선 수단으로 인식하게 된다. 피해자의 나이가 어릴수록 몸이 관계를 유지하는 유일한 수단이라 생각한다. 관심과 사랑을 이끌어 내기 위해 신체를 이용할수록 공허감과 불안감이 증가한다. 사랑은 몸을 통해 채워질 수 없기 때문이다. 이는 하늘을 흙으로 메우려는 시도와 같다. 사랑은 신뢰와 존중과 배려와 보살핌과 친밀감 등의 정서적 교감으로 채워지는 것이지 몸을 매개로 채울 수 있는 것이 아니다. 정서적 공백을 몸이 이용해서 채우려 할수록 심각한 공허감과 불안감을 초래한다.

피해자는 이러한 공허감을 채우고 불안을 낮추기 위해 폭식을 선택하기도 한다. 정서적 결핍을 물질로 채우려 한다. 폭식은 체중 증가를 야기하고 이는 자기 신체상에 대해 부정적인 인식을 강화한다. 자기 몸을 혐오하고 자신의 존재 가치를 의심하고 비하하는 악순환에 갇힌다. 가해자가 저지르는 성폭력으로 인해 사랑받고 싶다는 심리적 욕구가 좌절될 때 피해자는 정서적인 필요를 물질로 채우려 한다. 그러나 이 시도는 언제나 실패로 끝나기 때문에 반복된 좌절을 경험하고 이 때문에 자존감의 하락과 자기혐오의 쳇바퀴에서 빠져나오지 못하게 된다.

정서적 결핍을 채우고 불안을 낮추기 위해 피해자는 게임, 쇼핑, 알코올, 니코틴, 섹스, 마약 등에 빠지고 이는 중독으로 이어지기도 한다. 사랑을 갈구하는 마음이 간절하지만 이를 채울 수 없는 중독 행동이 발현되는 것은 피해자가 심리적 혼란과 갈등 상황에 놓여 있기 때문이다. 마음과 몸이 평화로운 공존 관계를 유지하지 못하고 서로를 적대시한다. 마음은 몸을 미워하고 몸은 마음을 따르지 않는다. 가해자의 범죄는 피해자에게 엄청난 심적 혼란과 갈등상태를 초래함을 알아야 한다.

3. 트라우마의 신체적 영향

아동기의 반복적 심리적 외상은 뇌구조와 기능에 영향을 미치고 면역체계와 호르몬 시스템에도 악영향을 미친다(헬스조선, 2016. 5. 25.). 밥 안다와 빈스 펠리티(2016)는 아동기 트라우마가 건강에 미치는 영향을 연구했다. 1만 7,500명의 성인을 대상으로 트라우마 점수를 측정한 결과 심리적 외상 점수가 높은 사람은 만성폐쇄성 폐질환(심장병, 폐암 등)에 걸릴 상대적 위험도가 외상점수가 0인 사람보다 2.5배 높았고, 간염에 걸릴 확률도 2.5배 높았다. 우울증은 4.5배 높았고 자살 가능성은 12배 높았다고 보고했다.

유년 시절의 트라우마는 면역체계를 손상시킨다. 면역계는 박테리아나 바이러스 표면의 나쁜 단백질과 맞서 싸우고 항체를 만들고 박테리아를 먹어 치우지만 허파와 신경과 혈구에 있는 좋은 단백질은 그대로 두는 기능을 한다. 그러나 스트레스 반응 조절 장애가 생기면 면역과 염증 반응에 심각한 타격을 입는다. 스트레스 호르몬에 만성적으로 노출되면 면역계는 어떤 단백질이 좋은지 나쁜지 파악하는 데 혼란을 겪는다. 몸속에 염증이 많아질수록 일부 염증이 신체 자체의 조직들을 공격하고 그럼으로써 류머티스 관절염, 당뇨병, 만성소화장애증, 염증성 장 질환, 특발성폐섬유증, 다발성 경화증, 대상포진 같은 자가면역질환을 일으킬 가능성도 커지는 것이다. 생애 초기에 경험하는 트라우마는 염증을 증가시키며 자신의 신체 조직을 공격할 위험성도 커지게 한다(Harris, 2018). 또 손상된 면역체계는 염증, 통증 등 정상적인 생리 과정에 혼란을 일으킨다. 심리적 외상(ACE) 척도 점수가 1점 증가할 때마다 면역질환으로 입원할 확률이 20%씩 높아진다(정신의학신문, 2020. 11. 14.). 근육, 힘줄, 관절 등 다른 신체조직에 염증이 생기면 면역체계가 큰 고통을 겪는다.

또한 성적 학대를 당한 피해자는 수면장애로 고통을 받을 확률이 2배 높다. 잠을 조절하는 신경이 제대로 형성되지 않았기 때문에 수면장애로 일상생활에 장애를 초래한다. 수면은 낮 동안에 소모되고 손상된 신체와 중추신경계를 회복시켜 주는 기능을 한다고 알려져 있다(권석만, 2003). 『현대이상심리학』을 집필한 권석만은 수면장애에 대해 다음과 같이 설명한다.

> 사람은 잘 때 근육이 회복되고 단백질 합성을 증가시켜 뇌의 기능을 회복시킨다. 특히 낮 동안 습득한 정보 중 불필요한 것은 버리고 필요한 정보는 기억하기 용이하도록 재정리하는 기능을 한다. 또 수면은 불쾌하고 불안한 감정을 처리하는 정서적인 정화 기능을 한다고도 알려져 있다. 그러나 불면증에 걸리면 자율신경계의 과잉활성화로 인한 생리적 각성이 일어난다. 이 상태에서는 심장이 빨리 뛰고 근육긴장도와 체온이 높아진다. 여러 가지 복잡한 생각이 계속되어 머리가 더욱 복잡해지고 의식이 뚜렷해지는 인지적 각성을 경험하기도 한다. 불면증을 지닌 사람들은 사소한 일에도 쉽게 흥분하고 화를 내거나 예민하게 반응하여 정서적으로 쉽게 각성되는 경향이 있다. 특히 한 가지 생각에 강박적으로 몰두하는 경향이 강하고, 사소한 일에도 과도하게 걱정하며 불안해한다. 대인관계에서 불쾌한 사건을 경험하면 이를 직접적으로 표현하지 못하고 내면적으로 오래도록 지니면서 불쾌한 사건에 대한 생각을 되씹곤 하는 반추(rumination)의 경향이

있다. 표현하지 못한 불쾌한 감정은 가슴이 답답하고 두근거리는 신체적인 긴장으로 표출되어 각성상태를 증가시킴으로써 불면을 초래하는 악순환에 갇힌다.

만성스트레스는 주의력, 집중력, 기억력을 조절하는 뇌구조에 부정적인 영향을 미친다. 어려서 신체적, 또는 성적 학대를 경험한 환자 60% 이상이 주의집중에 어려움을 보였다. 어린 시절 트라우마는 위궤양, 만성기관지염, 뇌졸중, 편두통의 원인이 되기도 한다(Harris, 2018). 미국심장학회는 어린 시절 학대, 성폭력을 당하거나 폭력을 목격하는 등 트라우마를 겪은 이들이 성인이 된 후 심장병, 비만, 고혈압, 당뇨병에 걸릴 확률이 높아지는 경향을 보였다고 보고했다. 김준기 정신건강의학과 전문의는 트라우마는 류머티즘, 섬유근육통, 요통과 두통을 비롯해 원인을 알 수 없는 통증들, 면역 기능 약화를 일으키기도 한다고 말했다.

빅터 케리온은 외상후 스트레스 증상을 겪은 10세부터 16세 청소년을 선발해 MRI를 실시한 결과 증상의 수가 증가할수록 코르티솔 수치가 더 높고 해마의 부피는 더 작다는 사실을 밝혀냈다. 처음 해마의 부피를 측정한 후 12개월에서 18개월이 지난 후 측정했을 때 해마의 부피는 더 축소되었다는 사실도 알아냈다. 해마는 학습과 기억을 담당하는 뇌 부위다. 트라우마는 해마의 크기를 축소시키고 학습과 기억의 기능을 저해한다. 트라우마를 겪지 않는 동안에도 해마의 크기는 계속해서 줄어드는 것은 과거에 겪은 트라우마의 영향이 신경체계에 지속적으로 작용하고 있다는 뜻이다(Harris, 2018).

코르티솔(Cortisol)은 콩팥의 부신피질에서 분비되는 호르몬을 말한다. 외부의 스트레스에 맞서 몸이 대응할 수 있도록 만드는 과정에서 분비되며, 혈압과 포도당 수치를 높이는 역할을 한다. 스트레스 상황이 만성화되면 혈당과 혈압이 상승하고 면역계가 약해져 노화와 질병이 촉진된다. 코르티솔 농도가 높은 사람은 암을 포함한 퇴행성 질환을 더 많이 앓고 있으며, 성기능과 정서가 불안하고 콜레스테롤과 인슐린 대사가 나빠져 당뇨병, 고혈압, 뇌졸중의 유발 위험이 증가한다고 보고된 바 있다(하이닥, 2015. 9. 17.). 또한 스트레스가 지속되면 코르티솔이 과다 분비돼 혈중 농도가 높아지고 식욕이 증가해 비만을 유발한다. 코르티솔은 당이 높은 음식과 지방이 많은 음식을 좋아하게 만들고 뇌의 메커니즘을 자극해 먹는 즐거움을 주어 식욕을 억제하기 어렵게 한다(Our Science Story, 2020. 2. 17.).

섭식장애는 근친 성폭력 피해자들이 겪는 보편적인 증상이다. 사례의 K씨도 폭식을 통해 공허감을 달래고 신체의 안전을 꾀하고자 했다. 폭식은 자기통제감의 상실을 의미한다. 외부의 압력으로 자신의 의지대로 행동할 수 없는 상황이 반복되면 피해자는 자신의 식욕, 수면욕, 성욕을 통제하는 기능이 마비되거나 감소한다. 식욕을 절제하지 못하여 폭식 행동이 나타나며 이와 더불어 불면증, 성적 문란함 등이 동반될 수 있다. 가해자의 성폭력은 피해자에게 부정적 정서를 증가시킨다. 무기력감, 절망감, 굴욕감, 자책감, 우울감, 수치심 등의 부정 정서가 증가하면 폭식 행동을 제어하기가 더욱 어려워진다. 이런 부정 정서를 망각하거나 억누르를 방어 행동으로 폭식을 선택하는 경우가 흔하다. 폭식은 체중 증가와 갖가지 질병 또는 호르몬계의 이상을 초래한다. 체중이 증가하는 데 대한 두려움으로 구토나 하제 복용 등의 보상 행동이 동반되기도 한다.

호르몬계는 스트레스 반응에 매우 민감하다. 성장호르몬, 성호르몬, 갑상샘호르몬, 혈당을 조절하는 인슐린 등은 모두 스트레스가 발생하는 동안 대체로 양이 감소한다. 건강에 미치는 주요한 영향 중에는 생식샘(난소, 고환)의 기능 이상, 정신사회적 단신(psychosocial short stature), 비만 등이 있다. 여성의 경우 생식샘 기능 이상이 생기면 배란이 안 되거나 생리가 멈추거나 생리불순이 될 수 있다.

4. 트라우마의 대인관계적 영향

 트라우마를 겪은 아동·청소년은 슬픔, 분노, 두려움 등의 표정을 잘 구분하지 못한다(Woman Sense, 2022. 3.). 표정을 이해하기 위해서는 사회적 유대감이 정상적으로 형성되고 의사소통도 제대로 할 수 있어야 한다. 그러나 트라우마 때문에 감정 처리 기능에 문제가 생기면서 유대감과 의사소통에 어려움을 겪게 되고 이러한 어려움이 사회적 신호를 인지하는 데 착오를 일으킨다.

 대인관계 영역은 타인과 어느 정도의 거리에 있을 때 편안함이나 불편함을 느끼는 주관적이고 개인적인 거리이다(Rothchild, 2000). 야생동물들의 경우, 신중한 경계를 취하고 있다가 상대가 임계거리(critical distance) 내에 들어왔다고 판단하면 경계 태세에서 공격 태세로 행동을 전환한다. 대인관계 영역은 특정 사람에 따라 허용 거리가 달라진다. 친밀하고 신뢰하는 관계에 있는 사람은 물리적 거리가 가까워도 편안함을 느끼고 불안하거나 긴장하지 않는다. 그러나 친밀하고 믿을 만했던 사람이 자신을 성적으로 착취하거나 폭행하는 사건에 맞닥뜨리면 대인관계 영역에 엄청난 혼란이 온다. 어떤 대상에 대해 경계심을 가지고 단호하게 차단해야 하는지, 아니면 마음을 열고 다가가야 하는지 판단하는 데 매우 큰 어려움을 겪는다.

성폭력 사건으로 자신의 개인적 경계를 설정하는 데 큰 혼란을 겪은 피해자는 자신에게 해가 되는 관계, 대인관계 영역을 침범하고 훼손하고 파괴하는 대상을 걸러내지 못한다. 타인이 지금 자신의 개인적 영역과 경계를 존중하지 않는다는 사실을 인지하지 못한다. 친족 성폭력 가해자가 범죄를 저지를 때 이를 방어하거나 저항하거나 거부하지 못했기 때문에 자신이 고통스러워도 상대방이 원하는 대로 허용하는 것이 관계를 이어 가는 방법이며 사랑받는 것이라고 여긴다. 자기의 경계를 지키는 것은 인간에게 주어진 기본적인 권리임을 알지 못한다. 싫으면 싫다고 말하고, 힘들면 힘들다고 표현하는 데 엄청난 어려움이 있다.

개인이 대인관계 영역을 확고하게 설정해 놓지 않으면 심리적, 정서적, 신체적으로 매우 취약한 상태에 놓인다. 이는 담 없는 집과 같아서 악한 의도를 가진 대상에게 쉽게 범죄의 표적이 된다. 범죄를 저지르려고 계획한 가해자의 눈에 가장 여리고 쉬운 대상으로 포착되는 것이다. 이것이 성폭력 피해자들이 성인이 되어 자신을 가해한 자와 유사한 성향의 연인, 배우자를 만나는 이유다. K씨의 경우, 남자는 K씨가 자신의 덫에 걸린 가련하고 취약한 한 마리의 새로 인식되었을 것이다. 아무런 저항도 못 하고 손만 내밀면 마음대로 휘두를 수 있는 존재로 K씨를 인지했다. K씨는 그의 눈길과 손길이 사랑이라 착각했지만 남자의 의도는 다른 곳에 있었다.

대인관계에서 이러한 파괴적이고 해로운 경험을 여러 번 겪은 피해자들은 대인관계 자체를 기피하게 된다. 사람을 대하는 데 모진 어려움을 겪는 사람들은 사람으로 인해 수없이 절망과 실패와 고통을 경험했을 가능성이 높다. 대인관계를 원활하고 건전하게 형성하지 못하는 이유는 의지의 박약이나 노력의 부족, 또는 판단력의 상실 때문이 아니다. 인간에 대한 신뢰가 강철처럼 단단하게 뿌리박혀야 할 시기에 이 신뢰를 기초부터 흔들어놓고 파괴한 친족 성폭력 가해자의 범죄 때문에 피해자의 대인관계 양상은 혼란스럽고 문란하고 파괴적이고 가학·피학적일 수밖에 없다.

피해자가 대인관계에서 자기 경계를 온전하게 확립하고 자신이 느끼고 원하는 바를 자신 있게 표현하려면 기존의 대인관계와는 전혀 다른 대인관계를 경험해야 한다. 자신을 존재 자체로 존중해 주고 자신의 취약한 점을 인내하며 이해해 주고 수용해 주는 관계, 어그러지고 부서진 마음을 치유하도록 도와주고 지지하고 견뎌 주는 대인관계를 재경험해야 한다.

5. 트라우마의 영적 영향

사람들은 성폭력을 영혼을 파괴하는 범죄라고 규정하는 경우가 많다. 영혼은 마음보다 깊은 곳에 존재하는 본질적이고 핵심적인 바탕이다. 영혼은 신과의 연결, 정체성 확립, 과거와 현재와 미래의 통합, 장래의 비전이나 사명과 깊은 관련이 있다. 사람은 무언가를 기대고 의지해야 생존 가능한 존재다. 사람 인(人)자는 이러한 개념을 잘 표현한다. 유아기, 아동기의 양육자는 사람이 기대고 의지할 수 있는 첫 번째의 중요한 존재다. 어린 시절에 부모와 애착이 잘 형성되고 자신의 필요를 적절하게 충족받은 아이는 영적인 상태가 건강하고 심지가 굳건해진다. 영적인 상태가 건강하다는 것은 거짓과 참을 구별하고 거짓을 거부할 수 있음을 뜻한다. 영혼이 건강하면 아무리 교묘하고 비열한 방식으로 거짓을 들이밀어도 이를 본능적으로 거부할 능력이 있다.

그러나 친족 성폭력은 이 능력을 바닥부터 파괴한다. 범죄를 저지르는 가해자는 자신의 범죄가 탄로 나지 않게 하기 위해 거짓으로 피해자를 심리적으로 지배하고 세뇌한다. 자신이 하는 일이 잘못된 일이 아니라고, 이 사실을 아무에게도 말하지 말라고, 만약 그렇게 하면 너와 나는 끝이라고 지속적으로 말한다. 이는 목에 칼을 들이대는 것처럼 영혼의 목을 조르는 것과 같다. 범죄가 반복되고 심해질수록 영혼은 더욱 목이 졸리고 질식 상태에 이른다. 영의 기능이 제대로 작동하지 않으면 좀비와 유사한 상태가 된다. 자신이 무슨 감정을 느끼는지, 무엇을 원하는지 잘 감지하지 못한다. 자신의 감정과 생각과 욕구를 모르기 때문에 타인이 쥐고 흔드는 대로 휘둘리며 살게 된다. 주체적이고 독립된 존재로서 스스로 느끼고 생각하고 표현하는 경험을 하지 못하면 살아 움직이는 것처럼 보이지만 실상은 죽은 상태에 처하게 된다.

사람은 엄청나게 충격적인 사건을 겪으면 정신이 나가거나 기절한다. 정신이 나간 상태는 영혼이 몸과 단절된 상태이다. 사람은 몸과 마음과 영혼이 긴밀하게 연결되어 있어야 생기가 돌고 활기를 느낀다. 영혼이 단절되면 몸과 마음이 제대로 작동할 에너지를 공급받지 못한다. 영혼은 신과의 연결을 통해 살아갈 새 힘을 끊임없이 공급받는다. 신과의 연결은 우주의 에너지로 풀이할 수도 있다. 영혼은 우주에 넘쳐나는 엄청난 에너지를 전달해주는 유일한 통로인데 영혼이 몸과 단절될 때 살아갈 자원이 끊기고 만다. 기름 없는 차가 굴러가지 않듯 영혼을 통해 연료를 공급받지 못하면 사람은 곧 탈이 난다. 앞서 언급했던 신체적, 심리적, 대인관계적, 인지적 기능에 심각한 타격을 입는다.

영적 상태는 정체성 확립과도 깊은 관련이 있다. 사람의 가치는 어떤 잣대와 기준으로 정할 수 없을 만큼 고귀하다. 한 생명은 우주와 천하만물보다 귀하다. 그러나 성폭력 범죄는 사람의 정체성을 한순간에 가장 고귀한 자리에서 가장 비천한 자리로 끌어 내린다. 『눈물도 빛을 만나면 반짝인다』의 저자 은수연은 초등학생

때부터 지속적으로 친부에게 성폭행을 당했다. 그가 들어야 했던 호칭은 '창녀, 애비랑 붙어먹은 년' 등이었다. 성폭력 사건이 발생했을 때 피해자에게 붙는 가장 흔한 별명은 '걸레'다. 가해자가 어떤 극악한 방법을 써서 범죄를 저질렀든 사건 이후에 사회적 낙인이 찍히는 것은 피해자 쪽이다. 주변의 인식은 피해자의 정체성을 형성하는 데 막강한 영향을 미친다. 같은 학교 동급생에게 성폭행을 당하고 2차 가해를 못 견뎌 타학교로 전학 간 한 고등학생은 가해자들이 자신에 대해 걸레라고 비하하며 전학 간 학교에 소문을 퍼트린 사실을 알고 자살했다(한국일보, 2021. 2. 1.).

타인과 사회가 성폭력 피해자에게 찍는 낙인은 무자비하고 참담하고 치명적이다. 걸레, 창녀, 화냥년, 누구와 붙어먹은 년이란 명명은 피해자의 정체성과 직결되는 호칭이다. 이는 가장 핵심적인 존재가치를 훼손하고 비하하는 비열한 방식이다. 다른 범죄와 달리 성범죄는 왜 피해자에게 이런 호칭을 가차 없이 붙이는가? 가해자를 지칭하는 호칭은 '색마'나 '발정 난 개새끼' 정도만 존재할 뿐이다. 이는 가해자의 정체성을 저해하거나 훼손하지 않는다. 범죄의 심각성을 오히려 희석한다. 가해자의 범죄 행동은 일부 지각없는 남성들에게 부러움과 자극의 소재가 되기도 한다. 피해자인 여성의 존재 본질을 파괴하는 이런 호칭을 붙이는 이유는 피해자가 극심한 수치심을 느껴서 피해 사실을 폭로하지 못하게 하기 위해서이다. 피해자는 사회적 인식과 타인의 시선이 두려워 성범죄가 발생해도 공개적으로 밝히기를 꺼린다. 게다가 성범죄의 원인을 피해자에게 돌리는 끔찍한 2차 가해가 비일비재하게 일어나기도 한다.

외부의 왜곡된 인식을 바탕으로 자기 정체성을 형성한 피해자는 자신은 살 만한 가치가 없고, 형편없고, 깨지고 결함 있는 존재로 자각한다. 자신은 좋은 것을 누릴 자격이 없고, 행복해질 가능성이 없고, 살아가는 자체가 짐이며 해악이라고 여긴다. 범죄를 저지른 가해자는 자신의 존재에 대해 이토록 비하하거나 사회적으로 위축되지 않는다. 성범죄를 저지른 가해자는 일정 기간 처벌받은 후 3년 내 재범률이 60%나 된다(세계일보, 2020. 11. 30.). 성범죄 피해자가 신체적, 인지적, 심리적, 대인관계적, 영적 기능을 회복하기도 전에 가해자는 또 다른 범죄를 저지르고 있다. 법과 제도는 피해자의 인생에 실제로 어떤 일이 벌어지고 있는지 둔감하고, 가해자의 인권을 보호하는 데만 관심을 기울이고 혈세를 쏟아붓는다.

정체성이 건강하고 확고하게 형성되지 못하면 사건 당시의 인식에 고착된다. 성폭력 사건 전과 후에 수많은 일들이 발생하지만 그 고통스럽고 '치욕스러운' 사건으로 자기 인생을 규정한다. 과거와 현재와 미래가 균등하고 질서 있게 나열되지 못한다. 과거의 그 폭력적인 사건이 올무가 되어 한 발자국도 더 나가지 못한다. 아무리 시간이 흘러도 마음 깊은 곳에는 그 사건이 계속 맴돌고 상황에 따라 더 강력하게 떠오르기도 한다. 자신의 과거를 삶의 한 부분으로 수용하고 담담하게 기억할 수 있을 때까지 성폭력 사건은 인생을 좌우하는 강력한 족쇄로 작용한다. 인생의 나락으로 침잠하고 가장 어두운 구덩이로 빨려 들어가서 꼼짝할 수 없다고 느끼는 것은 과거를 인생의 '부분'이 아니라 '전체'로 인식하기 때문이다. 그 과거가 인생의 전부라고 믿기 때문에 현재를 충실히 살 수 없고 미래를 계획하지 못한다.

이는 자신의 재능과 소질을 계발하여 사회의 중요한 일원이 되게 하는 길에 방해물로 작용한다. 인생의 비전을 세우고 목적의식을 갖고 목표를 설정하고 실행하고 성취하는 데 태산 같은 장애물로 다가온다. 과거란 바위가 앞길을 가로막을 때 그 앞에서 주저앉거나 손 놓는 경우가 많다. 고려청자나 조선백자에 오물이 묻었다고 그냥 갖다버리는 사람은 없다. 오물이 묻었으면 씻어 내면 된다. 씻고 다듬기만 하면 국보의 위용을 다시 드러낸다. 국보에 약간 오물이 묻었다고 그 가치가 하락하거나 사라지지 않는다. 사람의 가치도 이와 같다. 가해자가 묻힌 오물을 그대로 뒤집어쓰고 있지 말고 가해자에게 되돌려주면 된다. 오물을 돌려주려면 범죄를 기억나는 대로 폭로해야 한다. 오물이 조금 묻었다고, 상처가 났다고 사람의 고귀한 가치는 훼손되거나 파괴될 수 없다. 자신이 온전한 인격체로서 가장 값지고 소중한 존재임을 인정해야 영혼이 다시 살아난다. 자신의 가치를 알아가고 인정하는 이 과정을 통해 전보다 더 강하고 빛나는 자신을 발견하게 된다. 성폭력 사건이 저주이며 불행만이 아니라 새로운 꿈을 세우고 다시 삶을 살아가게 하는 동력으로 작동한다는 사실을 알아야 한다.

이처럼 성폭력 피해자가 성폭력으로 인해 겪는 피해는 신체적, 심리적, 인지적, 대인관계적, 영적으로 광범위하게 영향을 미친다. 이 피해는 수년에서 수십 년에 이르러 피해자의 인생에 지속적인 악영향을 끼칠 수 있다. 성범죄는 피해자의 일상뿐 아니라 미래와 영혼까지 파괴하고 엄청난 트라우마를 남긴다. 피해의 심각성과 지속성을 철저하게 간파하지 않으면 사건 자체만을 놓고 섣부른 판단을 하게 된다. 폭행이 몇 번 저질러졌는지, 장소와 시간은 진술에서 일관적인지, 피해자가 사건에 기여한 바는 없는지 등의 편파적인 부분만을 근거로 가해자에게 처벌을 내린다. 이런 처벌은 피해자의 상처(트라우마)를 치유하기는커녕 성폭력 범죄를 증가시키는 원인으로 작동한다.

3장

성범죄자에게 내리는 처벌

1. 근친 성폭력범죄자에게 내리는 판결

1) 근친 성폭력 가해자가 실제로 받는 판결 - 국내

① 2022년 1월 1일 故 최수롱 씨(21세)는 어머니와 이혼 후 10년 동안 보지 못했던 아버지를 만나 폭행, 감금, 성폭력을 당했다. 사건 후 수롱 씨는 곧바로 경찰에 신고했고 사건 당시 녹취도 제출했다. 재판은 아버지의 건강상 이유로 번번이 지연되었고 그해 11월 수롱 씨는 기숙시설에서 숨진 채 발견되었다. 수롱 씨가 사망하고 나서야 첫 재판이 열렸고 법원은 아버지를 구속했다. 재판부는 피해자가 죽고 나서 6개월 뒤 피고인인 아버지에게 징역 5년의 판결을 내렸고 피고인은 법정을 나가며 "내가 왜 유죄냐?"라고 소리 질렀다. 재판부는 피고인에게 성범죄 전과가 없고 술에 취해 우발적으로 사건 범행을 저지른 측면이 있다는 이유로 형을 결정했다(MBC뉴스, 2023. 5. 17.).

② 8살 딸에게 성폭력을 저지른 A씨(44세). 당시 재판부는 딸이 아버지의 선처를 탄원한 점과 엄마의 가출로 아버지 외에 딸을 보살필 사람이 없다는 점을 참작해 3년 6개월의 징역형을 선고했다. 그러나 A씨는 출소하자마자 또 딸에게 준강간을 저질렀다. 화장실과 침실에 불법 촬영 장치를 설치하고 딸의 나체와 사

생활을 몰래 훔쳐봤다. 딸이 '여자로 보인다.'며 이성 친구를 만나는 것도 억압했다. 폭력을 견디지 못한 딸이 가출하자 모바일 메신저와 소셜미디어를 통해 연락하지 않으면 '주변 사람들을 해치겠다.' '극단적 선택을 하겠다.' 등의 말로 협박했다. 재판부는 A씨에게 15년의 징역형을 선고했다(조선일보, 2024. 1. 3.).

③ 10년간 친딸 2명을 상습 성추행한 47세 B씨. 아버지라는 지위를 이용해 성접촉을 당연하게 받아들이도록 정신적으로 지배하고 피해자들이 성인이 되었음에도 추행을 지속했다. 딸들의 성폭행 사실을 안 어머니는 B씨에게 흉기를 휘둘러 징역 2년에 집행유예 3년이 선고되었다. 재판부는 "패륜적 성폭력 사건으로 인해 피해자들의 어머니까지 구속되었고 피해자들이 피고인에 대한 엄벌을 탄원하고 있다."는 이유로 징역 8년을 선고했다(동아일보, 2023. 11. 24.).

④ 초등학교 1학년 때부터 7년간 친부에게 성폭행당한 피해자 박히온 씨(24세 기명). 친부는 딸을 감금하고 피해자의 신기를 몰래 만지고 매일 피해자 방에서 추행했다. 피해자를 협박해 옷을 벗게 한 뒤 성추행하거나 성관계를 요구했다. 이를 거절하면 오빠를 마구잡이로 때렸다. 친부는 "엄마가 없기 때문에 네가 그 자리를 대신해야 한다."라며 부당한 요구를 거듭했다. 친부는 경찰 조사에서 '기억이 안 난다.'라고 대답을 피하다가 '딸에게 한 행동

이 잘못됐다는 생각은 안 든다.'라고 진술했다. 경찰은 친부가 박하은 씨에게 성추행한 건수가 23차례라고 명시했다. 친할머니는 당시 14세인 박 씨에게 가해자인 자기 아들을 위해 선처 탄원서를 작성하라고 강요했다. 할머니는 박하은 씨에게도 잘못이 있다며 아빠가 감옥에 간 책임을 박 씨에게 묻고 원망했다. 재판부는 친부에게 징역 9년 형을 선고했다(서울경제, 2023. 9. 15).

⑤ 에이즈(AIDS: 후천성면역결핍증)에 걸린 C씨(당시 38세). 자신이 바이러스에 감염된 사실을 알고도 당시 8살이던 친딸에게 겁을 준 뒤 수차례 성폭행했다. C씨는 '유사 강간을 했지만 간음은 하지 않았다.'라고 주장했고 C씨의 배우자는 남편의 선처를 바란다는 탄원서를 냈다. 재판부는 C씨에게 징역 12년을 선고하고 성폭력 치료프로그램 40시간을 명령했다. '피해자가 HIV에 감염되지 않은 점과 C씨가 초범인 점을 종합했다.'라고 양형 이유를 밝혔다(이데일리, 2023. 12. 23.).

⑥ 친딸을 3세부터 17세까지 14년간 성폭행한 아버지 D씨는 남동생들(당시 6세, 5세)이 자는 방에서 딸을 성폭행하고 동생들이 그 모습을 강제로 지켜보게 했다. 남동생 중 한 명에게 누나와 성관계하도록 강요했다. 딸이 성관계를 거부하면 폭언과 폭행을 일삼았다. 중학생이 된 이후에는 이틀에서 사흘에 한 번씩 성폭행당했다고 친딸은 진술했다. 딸이 어렵게 어머니와 할머니에게 피해

사실을 털어놨지만 딸을 비난하는 말이 돌아왔다. 재판부는 "피해자가 수십 년간 홀로 겪었을 고통이 상상조차 하기 어렵고 피고인이 양육의 책임이 있음에도 자신의 왜곡된 성적 욕망을 해소하기 위해 반인륜적 범행을 저질렀다."라고 판시하며 징역 17년을 선고했다. 하지만 D씨는 4일 만에 항소했다. 징역 17년형은 너무 무겁고 전자발찌 부착도 부당하다고 주장했다. 그러나 대법원은 원심을 유지하며 D씨의 상고를 기각했다(로톡뉴스, 2020. 6. 10).

⑦ 6살, 8살 어린 두 딸을 11년에 걸쳐 수시로 성폭행을 저지른 E씨. "엄마한테는 비밀이야." "아버지 요구는 뭐든 들어줘야 해." "사실이 알려지면 다른 가족들까지 힘들어져." 아버지 E씨가 범행을 저지를 때마다 딸에게 세뇌한 말이다. 첫째 딸이 10세 되던 해, 성폭행 장면을 촬영하기도 했고 15세 되던 해에는 직장 숙소까지 불러들여 수시로 범행을 했다. 성관계를 거절하면 의자를 던지고 뺨을 때리는 등 가학 행위도 서슴지 않았다. 첫째는 둘째(2년간 성폭력 피해)를 보호하기 위해 E씨에게 '동생은 손대지 말고 나에게만 해 달라.'고 요구했고 동생은 마수의 손에서 벗어날 수 있었다. 재판부는 친딸들이 6세, 8세일 무렵부터 오랫동안 수차례에 걸쳐 범행했고 그 범행 내용이 매우 변태적이고 노골적인 점, 재범 위험성이 '높음' 수준인 점을 고려해 E씨에게 징역 25년을 선고했다. E씨는 1심 판결에 양형 부당 등을 이유로 항소했

으나 2심에서 그의 항소를 기각하고 1심 판단을 유지했다(내외일보, 2023. 6. 4.).

⑧ F씨는 2007년 당시 7세이던 친딸을 2013년까지 여러 차례 강제 추행한 혐의로 재판에 넘겨졌다. 2014년 F씨는 딸에게 "성관계를 해 주면 기운 내서 돈을 잘 벌 수 있다."고 말하며 성관계를 종용했다. F씨는 자신의 요구를 들어주지 않으면 딸과 오빠를 폭행하고 경제적 지원을 끊겠다는 식으로 협박했다. 재판부는 F씨에게 9년의 징역형을 선고했다. 형기를 마치고 출소한 F씨는 과거 가족들이 살던 곳에 거처를 마련했으며 이는 초등학교와 불과 350m 거리에 있다. 딸은 "F씨가 관찰 대상이 아니라서 무슨 짓을 해도 알 수 없다." "가해자가 피해자에게 직접적으로 접근할 수도 있다."며 두려움을 호소했다. 보호관찰소 관계자는 "성범죄자 알림e에는 등록되어도 관리 대상이 아닐 수 있다."라며 "초등학교 인근에 거주하더라도 법원에서 보호관찰 대상으로 지정하지 않으면 관리할 수 없다."고 매체에 말했다(보배드림, 2023. 9. 13.).

⑨ G씨는 딸의 친구(당시 6세)를 성추행했으며 딸이 13세 되던 해, 잠자던 딸도 성폭행했다. 17세 된 딸의 친구에게 술을 먹이고 잠든 사이 성폭행하기도 했다. G씨가 경찰 조사를 받던 중 구속 등 수사가 늦어지자(구속영장이 2번이나 집행되지 않았다.) 딸은 친구와 함께 아파트에서 뛰어 내려 자살했다. 재판부는 딸이

생전 친구와 나눈 대화, 정신과 의사 면담 기록, 자해 기록, 범행 도구로 쓰인 밧줄 등의 근거로 진술의 신빙성을 인정하여 G씨에게 원심에서 선고한 징역 25년을 확정했다(중앙일보, 2022. 9. 15.).

⑩ 자신의 여동생을 초등학교 1학년부터 5년간 성폭행해 유산까지 시킨 친오빠 H씨. 딸은 이런 사실을 부모에게 하소연했지만 '다른 자식이 많다.'는 이유로 외면당했고 부모로부터 아무런 도움을 받지 못했다. 1심 재판부는 H씨에게 징역 12년을 선고했고 H씨는 '형량이 너무 무겁다.'며 항소했다(머니투데이, 2023. 12. 5.).

⑪ 친동생을 수년 동안 성폭행한 혐의로 재판에 넘겨진 21세 남성 I씨. 2016년 초등학생인 친동생을 성폭행하고 그 이후에도 계속 범행한 혐의로 2021년 2월 재판에 넘겨졌다. 친동생은 청와대 국민청원 게시판에 '수년간 성폭행한 친오빠와 한집에 살고 있다.'며 두려움과 고통을 호소했다. 그러나 1심 재판부는 피해자가 정신질환으로 허위 진술했을 가능성이 있고 진술이 일관되지 않은 부분이 있다며 무죄를 판결했고 2심에서도 동일한 선고를 내렸다(YTN, 2023. 2. 3.).

⑫ K(73세)씨는 양녀가 만 14세부터 16년간 성폭력을 저질렀다. 수사기관이 성폭력 피해를 입은 장소와 시각 등을 특정한 것만 10차례가 넘었다. 양녀는 "아버지가 초등학교 4학년 때부터 거의 매일 나에게 성폭력을 행사했다."고 진술했다. K씨는 노인요

양시설 부원장이자 자신의 아내가 목사로 있는 교회 장로였으며 일부 언론을 통해 '오갈 데 없는 독거노인을 보살피는 선교사'로 알려져 있다. K씨는 양녀가 자신의 요구를 거부하면 나무막대기 등으로 폭력을 가했다. 맞는 것이 두려워 집을 나온 양녀는 K씨를 고소했고 재판부는 1심에서 K씨에게 징역 5년을 선고했다. K씨는 1심 판결에 불복해 항소했다(세계일보, 2022. 8. 10.).

⑬ 70대 시아버지 L씨는 지적 장애가 있는 며느리를 자택 거실에서 위력으로 성폭행했다. 며느리가 사건 발생 후 친정 식구들에게 알리는 등의 대처를 하지 못하자 발기 부전 치료제까지 처방받으며 며느리를 성폭행했다. 재판부는 L씨의 범죄는 '인륜에 반하는 범죄로 죄질이 매우 불량하다.'고 지적하면서도 '이 사건 전까지 범죄 전력이 없는 점을 고려했다.'는 양형 이유를 밝히며 L씨에게 징역 5년을 선고했다(한국경제, 2021. 4. 27.).

⑭ 자신의 처가 입원 중인 틈을 타 며느리를 수차례 성추행하고 성폭행한 80대 M씨. 그 이후 손자가 목격하고 있는 상황에서도 M씨는 거부하는 며느리를 성폭행했다. 재판부는 죄질이 매우 불량하지만 피해자가 처벌을 원하지 않는 점, 동종 범죄로 처벌받은 전력이 없는 점 등을 고려해 M씨에게 징역 3년을 선고했다(충청뉴스, 2021. 9. 13.).

⑮ O씨는 아내와 이혼한 뒤 2012년 9월부터 2021년 5월까지

약 9년간 딸에게 성폭행을 저질렀다. 경찰이 확인한 범죄 횟수만 약 200차례. 주로 작은 딸을 범행 대상으로 삼은 O씨는 딸이 저항할 때마다 "네가 안 하면 언니까지 건드린다."는 말로 협박했다. 딸이 임신하자 임신중절 수술을 시키기도 했다. 큰딸을 대상으로도 성폭행을 시도하다 미수로 그쳤다. 피해자들이 이 사실을 어머니에게 털어놓으며 10년간의 범행이 드러났다. O씨는 "딸들이 비밀로 하기로 했는데 말을 해서 억울하다."고 하거나 수감 중 큰딸에게 "돈을 보내라."라고 요구하기도 했다. 가해자 변호인은 결심공판에서 "피고인은 가장으로서 사죄하며 새 인생을 살겠다고 다짐하고 있다."며 선처를 구했다. 재판부는 '동종 범죄 전과가 없는 점을 감안하더라도 반인륜적인 성범죄를 저질러 가정을 무너뜨렸다.'며 30년 징역형을 선고했다(로톡뉴스, 2021. 9. 16.).

⑯ 피해자 A씨는 만 13세인 2005년 1월부터 사촌오빠에게 강제추행 피해를 당했다. 2007년 8월까지 확인된 것만 10회에 걸쳐 가해자에게 지속적으로 성폭력을 당했다. 2007년부터 A씨는 정신건강의학과 치료를 받는 등 의학적 치료를 받았지만 적응과 생활에 어려움을 겪다 결국 해외로 나갔다. 2017년 세계적으로 미투(Mee Too)운동이 본격화면서 소송을 결심했고 2020년 '강제추행'과 '강제추행 치상' 혐의로 사촌오빠를 고소했다. 두 가지 혐의로 고소한 이유는 강제추행 혐의에 대한 공소시효가 2020년에 끝났

기 때문이다. 구 형사 소송법에서 정한 강제추행의 공소시효는 7년이기에 고소가 늦어 처벌할 수 없었다. 그래서 공소시효가 더 긴 강제추행 치상 혐의까지 고소하게 된 것이다. 하지만 A씨가 강제추행으로 인해 정신적 피해 등 상해를 입었다고 제시한 증거를 법원은 인정하지 않았다. 법원은 피해자가 겪고 있는 공황장애, 우울장애, 기면증, 수면장애 등이 강제 추행으로 발생했다는 연관성을 찾기 어렵다며 피고인에게 무죄를 선고했다. 다음은 2022년 12월 8일 서울고법 형사 10부 '강제추행 치상' 혐의 항소심 판결문의 일부다.

> 형사 재판에서 공소가 제기된 범죄 사실에 대한 입증 책임은 검사에게 있고, 유죄의 인정은 법관으로 하여금 합리적 의심을 할 여지가 없을 정도로 진실한 것이란 확신을 갖게 하는 증명력을 가진 증거에 의해야 한다. 그와 같은 증거가 없다면 설령 피고인에게 유죄의 의심이 간다 하더라도 '피고인의 이익'으로 판단할 수밖에 없다(노컷뉴스, 2022. 12. 18.).

⑰ P(53세)씨는 10대인 의붓손녀를 만 11세부터 16세까지 지속적으로 성폭행하고 아이를 두 명이나 출산하게 했다. 피해자인 의붓손녀는 아이를 출산한 지 1개월도 안 된 상태에서 또 다른 아

이를 임신했다. P씨는 피해자에게 임신 사실을 알리면 죽여 버리겠다고 협박하고 피해자가 남자 친구와 성관계를 통해 출산했다고 거짓 진술하게 했다. "피해자는 육체적, 정신적 고통과 육아에 대한 부담을 못 이겨 고등학교를 중퇴하고 또래 아이들과의 관계를 단절하는 비참한 처지에 놓였다."고 재판부는 판시했다. 재판부는 P씨가 진정으로 반성하지 않고 피해자가 엄벌을 탄원하면서도 보복을 당할까 봐 두려워하고 있는 점과 피해자가 겪은 엄청난 고통을 근거로 징역 20년을 선고했다. P씨는 항소했고 2심에서 징역 25년을 선고받았다(서울신문, 2017. 11. 10.).

⑱ 남편 R씨는 2001년 아내 S씨와 결혼해 두 자녀를 두고 있었다. 둘은 안정적인 결혼생활을 이어 가다 2008년 아내 S씨의 친정 가까이 이사하면서 갈등이 깊어졌다. S씨의 귀가가 늦어지자 R씨는 아내의 남자관계를 의심하며 공격적인 행동을 보였다. 2011년 아내 S씨는 단골손님과 늦은 시각까지 식사를 한 뒤 자정 무렵 귀가했다. 남편 R씨는 화가 나 문을 열어 주지 않았고 아내 S씨는 다음 날 아침에 다시 집으로 돌아왔다. 화가 난 R씨는 부엌칼로 식탁을 내리찍고 아내의 얼굴을 주먹으로 때리는 등 폭행을 가했다. 2주 뒤엔 부엌칼을 들고 S씨를 찌를 듯한 태도를 보이다가 안방으로 끌고 가 칼을 옆에 둔 채 겁을 먹어 항거불능 상태에 있던 S씨와 강제로 성관계를 맺었다. 법원은 1심에서 징역 6년

을 선고했다. 부부 사이라도 폭행과 협박 등으로 강제로 성관계를 할 권리가 있다고 볼 수 없는 이유에서다. 다만 항소심에서는 S씨가 R씨에 대한 처벌을 원치 않고, R씨가 처가와 갈등을 겪으면서 범행에 이르게 된 점을 고려해 징역 3년 6개월을 선고했다(조선일보, 2023. 8. 27.).

⑲ <한 가족상담소에서 부부강간 피해를 호소하는 피해자들>

2014년 이혼한 박모씨, 그녀는 15년 동안 매일 밤 남편의 성관계 강요로 자궁경부암 직전까지 갔다. 박 씨의 남편은 아내의 의사와 상관없이 성관계를 했고 자는 아내에게도 일어나라고 명령했다. 박 씨가 성관계를 거부하면 폭력을 일삼았고 흉기도 두 번이나 들고 불을 지른다는 소리도 수십 번 했다. 박씨는 2년 전 이혼했지만 우울증약을 복용하고 있고 자살 충동도 여러 번 느꼈다.

또 다른 피해 여성 30대 중반의 김모씨. 김 씨의 남편은 김 씨가 산후조리 중 하혈을 하는데도 성관계를 강요했다. '그동안 참았던 걸 푼다.'는 명목이었고 김 씨가 거부하면 폭행이 시작되었다. 김 씨는 아이 앞에서 벌거벗겨져 남편에게 성폭행당했던 때를 가장 힘든 기억으로 증언했다. 남편은 '너랑 마음껏 잠자리하고 싶어서 결혼했다.'라며 수시로 성범죄를 저질렀지만 김 씨는 성폭력을 저지른 자가 남편이어서 신고할 수도 소리칠 수도 없었다고 한다(중앙일보, 2013. 5. 20).

2) 근친 성폭력 가해자가 실제로 받는 판결: 해외

① 필리핀 재판부는 2014년 친딸을 성폭행한 이륜택시 운전사에게 징역형 1만 4,400년을 선고했다. 성폭행 1건당 40년의 형기로 계산해 그 횟수를 곱한 형량이다. 사실상 무기징역에 가깝지만 성범죄자를 엄중히 다스리겠다는 상징적 의미다(아주경제, 2020. 10. 2.).

② 로페즈(41세)는 친딸을 2009년부터 4년 동안 일주일에 두세 차례씩 성폭행했다. 캘리포니아주의 프레즈노 고등법원은 로페즈에게 징역 1,503년을 선고했다. 그의 범죄는 사회에 심각한 위험이 되고 있고, 친딸에게 죽을 때까지 씻을 수 없는 상처를 주었음을 명시했다(머니투데이, 2017. 11. 7.).

③ 중년(55세)의 말레이시아 남성은 2년간 며느리를 모두 11차례 성폭행했다. 그는 아들이 모르게 집안의 으슥한 곳에서 범죄를 저지른 것으로 드러났다. 남성은 자신이 돌볼 아이가 5명이나 된다며 선처를 호소했다. 법원은 "며느리를 성폭행한 것은 파렴치한 범죄며, 동종 범죄의 경종을 울리기 위해 20년을 선고한다."고 밝혔다. 피해자인 며느리는 시아버지와 관련 "그는 아직도 나에게는 아버지 같은 존재"라며 눈물을 흘렸다고 현지 언론은 전했다(세계일보, 2024. 9. 8.).

캐나다는 아동 성범죄자에게 화학적 거세를 진행한다. 화학적 거세는 약물로 성욕을 억제해 재범 가능성을 낮추는 방법이다. 중국은 14세 이하 아동을 대상으로 성폭행 및 성매매를 하게 되면 합의 여부와 무관하게 사형을 선고한다. 사형은 공개처형을 원칙으로 한다. 이란에서는 아동 성범죄자에게 교수형이나 공개 총살형을 내린다. 싱가포르와 말레이시아는 아동 성범죄자에게 태형을 내린다. 태형은 사람이 죽기 직전까지 때리는 형벌이다. 태형은 고문처럼 단시간에 극심한 고통을 주는 것이 아니라 범죄자를 교도소에 가뒀다가 불시에 태형을 집행한다. 1~2m 길이 회초리로 범죄자의 엉덩이를 1분에 1대씩 내리치며 출혈이 있으면 집행을 잠시 중단하고 상처가 아물어 갈 때 다시 형을 집행한다. 미국은 아동 성범죄를 최소 징역 25년에서 사형으로 다스린다. 영국에서는 13세 이하 미성년자를 성폭행하면 무기징역형을 받는다. 스위스도 아동 성폭행범은 무조건 종신형에 처한다. 감형이 되어 석방되더라도 사회로부터 격리한다(머니투데이, 2017. 11. 7.). 아프리카 나이지리아 카두나주는 아동 성폭행범에게 물리적으로 거세하고 사형에 처하는 법안을 시행했다. 법안에는 14세 이하 아동을 성폭행한 혐의로 유죄 판결을 받은 남성은 고환이 제거된 후 사형에 처한다. 남성 아동을 성폭행한 여성은 나팔관을 떼어 내고 사형에 처한다(아주경제, 2020. 10. 2.).

2. 판결의 근거(감형 이유)

재판부가 성범죄 가해자들에게 형을 정하는 근거와 정상 참작의 사유는 여러 가지다. 먼저 법원은 가해자가 초범인지 재범인지를 살핀다. 초범인지 재범인지를 판단하는 근거는 가해자가 동종 범죄를 저질러 형을 집행받았는지 아닌지에 있다. 그러나 주로 가정에서 저질러지는 친족 대상 성범죄는 범죄 사실이 밝혀지기까지 수년에서 수십 년 동안 은폐되었으며 이 기간에 수십에서 수백 번에 걸쳐 범죄가 발생했음은 자명하다. 피해자의 진술대로 매일 이런 범죄가 저질러졌다면 피해 사건은 수천 번에 이를 수 있다.

그러나 경찰 조사나 검찰 진술에서 증거로 채택되는 피해는 피해자가 피해 장소와 일시, 또 가해자의 가학적이고 끔찍한 범죄 행위를 명확히 묘사했을 때만 '신빙성 있는' 진술로 인정된다. 이런 모든 요소를 정확하게 기록해 놓은 경우가 아니라면 피해자의 진술에서 조금이라도 불일치점을 보일 때 피해자가 몸으로 생생하게 겪은 피해는 거짓말이 된다. 피해자의 진술은 아무런 법적 효력을 지니지 못하며 피해 사실과 피해 증상 및 과정의 연관성도 인정되기 어렵고, 명백한 물리적 피해 증거를 제시하지 못하면 가해자에게 유리하도록 판결을 내리는 것이 대한민국 법의 현주소다. 피해자의 진술이 거짓말이라고 주장하며 무고죄를 덮

어찌우는 가해자와 이런 가해자의 욕구를 충족시키는 법무법인(로펌)도 적지 않다. 때로는 검사가 피해자를 무고죄나 명예 훼손죄로 고소하기도 한다(김보화, 2023).

법원은 가해자가 피해자와 합의했는지 여부에 따라 형을 극적으로 감해 준다. 가해자는 처벌의 수위를 낮추기 위해 피해자의 의사와는 무관하게 합의하려고 과도하게 시도한다. 가해자의 이런 시도는 피해자에게 진심으로 사죄하거나 자신의 범죄를 반성하기 때문이 아니다. 피해자가 겪은 피해를 돈으로 환산할 수 있는가? 돈으로 환산할 때 그 기준은 무엇인가? 경제적, 정서적 공동체인 가족의 돈이 독립적으로 피해자에게 돌아갈 수 있는가? 피해자가 겪은 피해를 돈으로 보상한다고 할 때 무엇을 근거로 판단할 수 있는가? 돈은 피해자의 인생을 치유하고 회복하는 데 도움이 되는가? 합의금을 받은 피해자에게 사회와 법과 가해자는 무엇이라고 평가하는가? 어린 여성의 몸값에 대해 사회는 암묵적으로 어떤 편견을 갖고 있는가?

합의금은 피해자가 가해자를 용서했다는 지표가 아니다. 가해자를 처벌하지 않겠다는 의사 표명도 아니다. 가해자가 피해자의 몸을 성적으로 착취하고, 자유를 빼앗고, 대인관계를 차단하고, 건강한 정신을 병들게 했기 때문에 이를 최소한이라도 보충하려는 노력의 일부라고 봐야 한다. 합의했다고 사건이 종결된 것이 아니다. 그러나 합의하고 형이 확정되면 가해자는 자신이 저지른 범죄의 값을 치르고 그 책임을 모두 졌다고 여긴다. 피해자는 성범죄 사건의 피해를 평생 몸과 마음에 지고 살아야 한다. 합의금의 액수는 공개되지 않는다. 이는 사회적으로 합의된 기준이 없음을 의미한다. 합의금의 액수가 공개되지 않는 것은 가해자에게 유리한 위치를 점하게 해 준다. 성범죄 사건에서 돈에 대해 거론하는 것은 세속적이고 불결하다고 여겨진다. 이는 피해자가 종종 '꽃뱀'으로 몰리는 이유다. 자본주의 사회는 돈이면 다 된다고, 돈이 최고의 가치라고 주장하지만 성범죄 피해자에게는 억만금을 줘도 그 피해를 보상할 수 없다. 합의금으로 대신하려는 속셈은 사람을 죽여 놓고 돈 몇 푼 던져 주는 것과 같다.

또 형을 정할 때 가해자가 범행을 인정하고 반성하고 있느냐도 중요한 변수로 작용한다. 범행을 인정하고 반성하면 감형해 준다. 피해자의 신체뿐 아니라 마음과 영혼까지 파괴하는 반인륜적이고 패륜적인 범죄를 저질렀다고 자백하면 그 범죄에 상응한 처벌을 내려야 하는데 오히려 형을 감해 준다. 피해자의 일상은 물론 대인관계와 미래까지 짓부수는 범죄를 저질렀다고 혓바닥을 놀리면 징역 몇 년도 감해 준다. 가해자는 감형받기 위해 속마음을 감추고 얼마든지 혀를 놀릴 수 있다.

가해자의 반성은 감형에 큰 영향을 준다. 반성은 누가 누구를 향해 해야 하는가? 자신의 잘못을 뼛속까지 깨닫고 사죄를 해야 할 대상은 누구인가? 가해자는 피해자에게 눈물을 흘리며 반성하지 않는다. 판사에게 한다. 왜냐하면 판사가 형을 결정하기 때문이다. 피해자에게는 사죄하지 않고 돈을 매개로 합의하려 한다. 합의를 하는 자세는 반성문을 쓰는 태도와 사뭇 다르다. 어린 딸을 수년간 성폭행하고도 "내가 왜 유죄냐?"라며 큰소리치는 가해자들의 모습은 반성과는 거리가 멀다. 범행을 인정하고 반성하는 자가 항소할 수는 없다. 자신이 친족에게 얼마나 가혹하고 극악무도한 죄를 저질렀는지 깨닫는 자가 어떻게 항소할 마음을 먹겠는가? 가해자들은 범행을 인정하고 반성한다는 이유로 감형을 받고 형이 끝나면 또 성범죄를 저지른다. 법과 사회는 이런 악순환을 방관하거나 조장한다.

형을 결정할 때 피해자 진술의 일관성은 매우 중요하다. 피해자가 하는 최초 진술과 재진술이 조금이라도 일치하지 않으면 피해자 진술의 신빙성을 의심한다. 앞서 피해자는 너무나 충격적이고 공포스러운 일을 당하면 해리라는 생존 전략을 구사한다고 설명했다. 해리는 자신에게 일어난 끔찍한 일을 부정하게 하거나 현실을 객관적으로 인지하지 못하게 한다. 피해자가 생존을 위해 사용한 필사의 본능적 전략이 피해 사건을 논리적이고 이성적인 언어로 묘사하는 데 장애가 된다. 사건의 내용이 혼란스럽고 시간의 흐름에 따라 정리가 안된다. 피해 사건이 워낙 여러 번이라 사건들이 얽히고설켜 하나의 사건을 명확히 기억해 낼 수가 없다. 피해자의 이런 심리적 상태는 조금도 감안하지 않고 재판부는 기계적이고 구체적으로 피해 사실을 명시하라고 요구한다. 거기에 더해 명백한 증거를 대라고 강요한다. 이 요구에 부응하지 못하면 피해자는 무고죄나 명예훼손죄로 오히려 감옥에 갇히는 신세가 된다.

피해자나 피해자 가족 중 누군가가 처벌불원서를 제출하는 것도 형을 결정하는 요소로 작용한다. 처벌불원서는 피해자가 가해자를 용서했음을 명시하며 가해자의 처벌을 원치 않는다는 의사를 표시하는 글이다. 가해자는 경제적 권력을 가진 자인 경우가 대다수다. 가해자가 처벌을 받으면 가족의 생계가 막막해진다. 또한 가해자가 징역형을 받으면 가족의 붕괴 또는 분리를 겪어야 한다. 이런 상황을 인지한 피해자는 가해자의 처벌을 원치 않는다는 의사를 표시한다. 피해자가 가해자를 강력하게 처벌하고 싶어도 다른 가족의 압력으로 이를 실행하지 못하는 경우도 많다.

한 연구에 따르면, 근친 성폭력 피해자는 아동성폭력 수용증후근(CSSAAS: Child Sexual Abuse Accomodation Syndrome)을 나타낼 수 있다. 성폭력 피해 아동이 외부의 영향으로 'retraction(취소, 철회)' 반응을 보인다. 아동이 처벌을 원하지 않는다고 갑자기 태도를 바꾸더라도 그건 진의가 아니라 가족 해체 등을 두려워하기 때문이라는 것이다. 아동이 생존을 위해 외부의 조력을 외면하려 할 수 있다(로톡뉴스, 2021. 7. 22.). 가족의 유지를 생존과 직결해 인식하게 하는 사회는 피해자가 범죄 사실을 더욱 폭로하기 어렵게 하며 이는 범죄를 재생산, 유지, 악화시키게 하는 요인으로 작동한다.

피해자의 진술을 정신질환으로 인한 망언이나 인지 왜곡, 피해망상으로 몰아가며 범죄를 아예 없는 것이라고 주장하기도 한다. 또는 관계의 틀어짐으로 인해 홧김에 충동적으로 고소한 것이라고 말하며 피해자를 궁지로 몰 수도 있다. 피해자가 수 년에서 수십 년의 극심한 공포와 고통을 마무리 지으려고 결단하고 침묵을 깼을 때 법과 사회는 왜 이 사실을 인정하기를 한사코 거부하는가? 아직 밝혀지지 않은 범죄가 봇물처럼 터져 나올까 봐 두려워서인가? 피해자를 정신병자로 몰아 성범죄를 폭로한 사실을 후회하게 만들어 더욱 침묵의 늪 속에 빠뜨리기 위한 교활한 술책인가? 피해자의 입을 막아 정신병원에 가두면 끔찍한 범죄는 지속적으로 반복될 수 있다.

판결을 내릴 때 영향을 미치는 요소 중 하나는 공탁금이다. 공탁금은 피해자와 합의가 이뤄지지 않았을 때 법원에 거는 돈이다. 공탁금은 가해자가 피해자와 합의를 위해 노력했으니 선처해 달라고 요청하는 감형 방법이다. 가해자가 공탁을 걸면 법원은 피해자에게 공탁금을 받아 가라고 통지한다. 공탁금을 받으면 법원은 피해자가 가해자를 용서한 것이라고 생각하고 감형을 해 준다. 2022년 12월 이전에는 피해자의 허락이 있어야 공탁할 수 있었다. 그러나 그 이후에는 피해자의 허락이 없이도 공탁할 수 있도록 법이 개정되었다. 성범죄 가해자들은 피해자가 원치 않는데도 마음대로 공탁을 해놓고 감형을 받아 간다. 2022년 12월 이후에 개정된 법은 성범죄 가해자들을 도와주기 위한 악법이며 성범죄자들은 이 법을 악용하는 경우가 비일비재하다. 재판 막바지에 공탁을 해놓고 피해자가 엄벌 의사를 명확히 밝히지 않으면 법원은 부당한 감형을 해 준다. 피해자가 합의할 생각도 없고 공탁금도 받지 않겠다고 확고한 의사 표명을 하지 않으면 가해자가 몇 푼 내놓은 돈을 보고 법원은 형을 감해 준다.

「형사소송법」 제249조에 따라 성범죄 사건 공소시효는 12~25년까지로 적용한다. 제20조에 특례 규정을 두어 13세 미만의 아동 및 신체·정신적 장애가 있는 아동·청소년에 대한 성범죄에 대해서는 공소시효를 적용하지 않는다. 공소시효는 범죄 행위가 종료한 시점에서 진행한다. 그러나 가정 내에서 발생하여 은폐된 성범죄는 폭로하기까지 긴 시간이 걸린다. 근친 성폭력 발생 후 사건을 폭로하기까지 걸리는 시간은 평균 20~30년이 소요되며 성폭력

상담소에 상담을 의뢰한 피해자의 경우 10년 이상 소요된 경우가 55.2%에 달한다. 공소시효는 성범죄 가해자를 보호하는 장치이며 국가가 반복 범죄를 허용하는 시스템이다. 친족 성폭력 가해자의 3%만이 처벌을 받고 대가를 치른다는 사실은 국가와 사회가 친족 성폭력에 대해 얼마나 관대한지를 여실히 드러내는 지표이다.

항소를 통해 가해자들은 형을 감면받는다. 1심 판결이 부당하다고 여길 때 가해자들은 항소한다. 또한 자신이 지은 잘못보다 형이 무겁다고 느낄 때 항소한다. 대한민국 법원은 항소하는 가해자들의 정상을 세심하게 참작해 주고 감형할 수 있는 일말의 단서라도 찾아낸다. 어떤 이유를 붙여서라도 형을 감해 주려고 노력한다. 항소해서 형을 더 무겁게 받는 경우는 거의 없다. 친족을 대상으로 성범죄를 저지른 가해자가 자신의 죄를 인정한다면 어떻게 항소를 할 수 있겠는가? 그 오랜 세월 동안 공포와 충격과 고통에 떨었을 자신의 친딸, 여동생, 의붓딸, 며느리, 손녀, 양녀를 조금이라도 생각했다면 어떻게 감형을 받으려고 안간힘을 쓸 수 있는가? 이런 시도 자체가 죄를 조금도 뉘우치지 않고 있음을 의미한다. 법이 가해자의 입장을 대변해 줄수록 성범죄자들은 평생 다른 피해자를 찾고 가해를 반복하게 된다.

이 외에도 가해자가 술에 취해 우발적으로 범행했다며 심신미약을 정상 참작해 주는 경우도 매우 많다. 가해자의 앞날이 창창

하다거나 피해자를 돌볼 사람이 가해자뿐이라는 이유, 친모가 가해자와 재결합 의사가 있다거나, 피해자가 아빠(가해자)를 기다린다, 심지어 에이즈 환자인 친부가 딸을 성폭행했는데 딸이 에이즈에 감염되지 않았다는 기상천외한 이유를 갖다 붙이며 가해자의 형을 감해 준다.

3. 처벌권을 독점한 국가권력

국가는 법률 제19517호에 따라 성폭력범죄의 처벌 등에 관한 특례법(시행 2023. 10. 12.)을 제정하고 이를 근거로 판결한다. 이 법의 목적은 성폭력 범죄의 처벌 및 그 절차에 관한 특례를 규정함으로써 성폭력 범죄 피해자의 생명과 신체의 안전을 보장하고 건강한 사회질서의 확립에 이바지하는 데 있다.

제5조에는 친족관계에 의한 강간 등에 관련된 법이 명시되어 있다.

① 친족관계인 사람이 폭행 또는 협박으로 사람을 강간한 경우에는 7년 이상의 유기징역에 처한다.
② 친족관계인 사람이 폭행 또는 협박으로 사람을 강제 추행한 경우에는 5년 이상의 유기징역에 처한다.

③ 친족관계인 사람에 대하여 「형법 제299조」(준강간, 준강제추행)의 죄를 범한 경우에는 제1항 또는 제2항의 예에 따라 처벌한다.
④ 제1항에서부터 제3항까지의 친족의 범위는 4촌 이내의 혈족, 인척과 동거하는 친족으로 한다.
⑤ 제1항부터 제3항까지의 친족도 사실상의 관계에 의한 친족을 포함한다.

제7조에는 13세 미만의 미성년자에 대한 강간, 강제추행 등에 관련된 법이 명시되어 있다.

① 13세 미만의 사람에 대하여 「형법 제297조」(강간)의 죄를 범한 사람은 무기징역 또는 10년 이상의 징역에 처한다.
② 13세 미만의 사람에 대하여 폭행이나 협박으로 다음 각 호의 어느 하나에 해당하는 행위를 한 사람은 7년 이상의 유기징역에 처한다.
  1. 구강, 항문 등 신체(성기는 제외한다)의 내부에 성기를 넣는 행위
  2. 구강, 항문에 손가락 등 신체(성기를 제외한다)의 일부나 도구를 넣는 행위
③ 13세 미만의 사람에 대하여 「형법 제298조」(강제추행)의 죄를 범한 사람은 5년 이상의 유기징역에 처한다.

④ 13세 미만의 사람에 대하여 「형법 제299조」(준강간, 준강제추행)의 죄를 범한 사람은 제1항부터 제3항까지의 예에 따라 처벌한다.
⑤ 위계 또는 위력으로써 13세 미만의 사람을 간음하거나 추행한 사람은 제1항부터 제3항까지의 예에 따라 처벌한다.

제21조(공소시효에 관한 특례)
① 미성년자에 대한 성폭력 범죄의 공소시효는 해당 성폭력 피해를 당한 미성년자가 성년에 달한 날부터 진행한다.
② 13세 미만의 사람 및 신체적인 또는 정신적인 장애가 있는 사람에 대하여 규정된 공소시효를 적용하지 아니한다.

민법 법률 제19098호(시행 2023. 6. 28.)
제924조(친권의 상실 또는 일시 정지의 선고)
① 가정법원은 부 또는 모가 친권을 남용하여 자녀의 복리를 현저히 해치거나 해칠 우려가 있는 경우에는 자녀, 자녀의 친족, 검사 또는 지방자치단체의 장의 청구에 의하여 그 친권을 상실 또는 정지를 선고할 수 있다.
② 가정법원은 친권의 일시정지를 선고한 때에는 자녀의 상태, 양육상황, 그밖의 사정을 고려하여 그 기간을 정하여야 한다. 이 경우 그 기간은 2년을 넘을 수 없다.
③ 가정법원은 자녀의 복리를 위하여 친권의 일시 정지 기간의 연장이 필요하다고 인정하는 경우에는 자녀, 자녀의 친족, 검

사, 지방자치단체의 장, 미성년 후견인 또는 미성년 후견인 감독인의 청구에 의하여 2년의 범위에서 그 기간을 한 차례만 연장할 수 있다.

성폭력 범죄의 처벌에 관한 법은 그 목적이 첫째, 성폭력 범죄자를 처벌하는 데 있고 둘째, 성폭력 범죄 피해자의 생명과 신체의 안전을 보장해야 하며 셋째, 건강한 사회질서 확립에 이바지하는 데 있다. 법은 그 목적을 달성하고 있는가? 앞서 열거한 친족 성폭력 사건에 대한 판결은 범죄자를 합당하게 처벌하고 있는가? 친족 성폭력을 저지른 범죄자에게 7년 또는 10년 정도의 징역형이 내려졌을 때 범죄의 재발생 확률을 현저히 낮출 수 있는가? 이마저도 여러 가지 정상을 참작하여 감형해 주는 법은 피해자의 생명과 신체의 안전을 보장하고 있는가?

성폭력 범죄자들의 항소는 형량을 줄이는 데 기여하고 일찍 출소한 범죄자들은 피해자에게 다시 성폭력을 저지른다. 부모의 친권을 남용하여 자녀의 복리를 현저히 해친 경우에도 친권을 그대로 유지하여 피해자가 가해자와 같은 공간에 머물도록 한다. 이는 어린 양을 사자 우리에 밀어 넣는 것과 같다. 인간으로서 저지르지 말아야 할 극악하고 반인륜적인 짓을 아버지, 작은아버지, 시아버지, 오빠, 계부, 의붓할아버지 등의 이름으로 저질렀는데도 국가는 피해자 신변의 안전을 조금도 도모하지 않는다. 범죄자 손아귀에서 겨우 빠져나와 범죄를 폭로한 용기 있는 피해자에게 쉼터를 전전하다 갈 곳이 없으면 다시 집으로 돌아가라는 대처 방식이 피해자의 생명과 안전을 보장해 줄 수는 없다.

대한민국 헌법 36조 1항에는 개인의 존엄과 양성의 평등을 기초로 가족생활이 성립되고 유지되어야 하며 국가는 이를 보장한다고 명시되어 있다. 존엄한 개인에 속하는 사람은 누구인가? 국가가 피해자를 존엄하다고 여긴다면 그가 하는 말부터 존중하고 경청해야 한다. 피해자의 경험을 의심 없이 인정하고 그에 상응한 대처를 해야 한다. 피해자는 온갖 공포와 두려움에 떨면서도 피해 사실을 어렵게 폭로한다. 피해 사실이 밝혀지는 순간 가족의 해체와 단절과 분리라는 엄청난 고통을 겪어야 한다는 현실을 알고 있다. 하지만 현실은 피해자가 예상한 것보다 훨씬 더 끔찍하고 참담하다. 경찰 진술에서 신빙성을 의심받고, 사회와 가족에게 2차 가해를 당한다. 가해자 구속은 지연되고 판결은 실실 끌어 온갖 외압과 낙인과 구설수에 휩싸인 피해자가 극단적 선택을 하는 경우도 허다하다.

법은 가해자가 '가능성'만 제시해도 냉큼 받아들여 판결을 좌지우지하지만 피해자가 수년에서 수십 년 당한 확고한 피해는 의심한다. 피해자가 하는 진술은 법적 효력이 없다고 사회에 암묵적 신호를 보내며 피해자가 피해 사실을 폭로하지 못하도록 억누른다. 피해자가 정확한 물리적, 시간적, 공간적 증거를 제시하지 못하면 가해자에게 오히려 역고소를 당하고 감옥에 갈 수 있다는 메시지를 끊임없이 유포한다. 피해자가 범죄 사실을 폭로하면 가정이 깨진다고, 가정이 붕괴된 책임은 피해자에게 있다고, 사실을 폭로하면 아무 데도 갈 데가 없고 의지할 곳도 없다고 지속적으로 피해자에게 겁을 준다. 사람들의 부정적인 인식, 깨진 그릇이라는 낙인, 더러워졌다는 편견, 정상적이고 평범한 사람들과는 다를 거라는 오해와 차별과 혐오. 피해자는 이런 모질고 참담한 현실과 마주해야 한다.

왜 국가는 피해자가 안전하고 평화롭게 살지 못하는 현실을 방관하는가? 국가는 법을 만들어 처벌권을 독점했다. 법 자체도 극악무도한 친족 성범죄 가해자를 처벌하는 데 미흡하지만 판사들은 이 법조차 제대로 적용하지 않고 온갖 이유를 들어 감형해 준다. 우리나라 성범죄 재범률은 62.4%에 달한다. 법무부 범죄예방정책국이 2009년부터 2018년까지 조사한 성범죄자 신상등록 현황에 따르면, 10년간 7만 4,956명의 성범죄자 신상이 등록됐다. 이 중 신상 재등록자는 2,901명으로 전체의 3.0%다. 2,901명의 재등록 성범죄자 중 1,811명(62.5%)이 3년 이내 성범죄를 다시 저질렀다(세계일보, 2020. 11. 30.).

한국이 친족 성폭력 범죄자에 대해 이토록 관대한 처벌을 내리는 이유는 무엇인가? 성폭력을 저지르는 가해자 남녀 성비는 남 95.9%, 여 4.1%다. 성범죄는 대다수가 남자가 여성 또는 동성에게 저지른다. 남자가 가해자의 대부분을 차지하는 범죄에 대해 유독 국가가 솜방망이 처벌하는 것은 우연인가? 국가는 개인의 존엄보다 가족이란 조직을 더 중시한다. 양성의 평등보다 아버지, 남편의 권위를 우위에 둔다. 가장이며 남편이란 권력은 가부장제를 유지, 강화하는 데 큰 역할을 하며 개인의 존엄과 양성의 평등을 실현하는 데 가장 큰 걸림돌이다. 가부장적 사고는 범죄의 심각성을 희석하고 약자인 피해자에게 참고 살라고 강요한다. 참지 않으면 모든 경제적, 정서적, 대인관계적, 사회적 지원이 끊기고 고립된다고 세뇌한다. 이는 국가가 국민을 특히 성범죄 피해자를 대상으로 하는 거대한 가스라이팅과 같다. 심리적으로 왜곡된 인식이 저변을 장악하면 피해자는 사례의 K씨처럼 충분히 끊을 수 있는 가느다란 실도 끊시 못하고 무기력하게 매여 있는 코끼리와 같은 신세가 된다. 공평하지 않은 권력관계를 타파하지 않고 위계질서를 강조하면 할수록 성범죄는 보이지 않는 곳에서 독 뿌리처럼 더 번져 나갈 것이다.

근친 성폭력 범죄 중 가장 가까운 관계에서 벌어지는 성폭력은 부부강간이다. 대한민국 법원은 '부부 사이의 성생활에 대한 국가의 개입은 가정의 유지라는 관점에서 최대한 자제하여야 한다.'는 전제를 두고 있어 아내 강간을 국가가 개입해야 할 사회적 범죄가 아닌 가정 내의 문제 혹은 개인적인 문제로 인식하고 있다. UN여성차별철폐위원회(CEDAW)는 2007년부터 아내강간죄가 처벌되지 않은 점을 지적해 왔다. 특히 2011년, 이러한 권고에 한국 정부는 '한국은 아내강간을 인정하는 방향의 판결이 나오고 있으니 이를 명문화할 필요 없다.'라고 답했으나 UN여성차별철폐위원회에서는 "법 해석을 잘못할 우려가 있으니 명문화해야 한다."고 다시 한번 강조했다. 가장 최근 권고안이 발표된 2018년까지 지속적으로 지적되고 있음에도 한국 정부는 이에 응답하지 않고 있다(한국여성의 전화, 2023. 8. 18.).

2010년 여성가족부가 발표한 가정폭력 실태조사에서 가정폭력 피해 여성을 대상으로 한 설문을 살펴보면, 지난 1년간 가정폭력 피해 중 '성학대'를 경험한 비율(중복 응답)이 70.4%로 나타났다. 폭력을 당한 사람 중 가족이나 경찰 등 외부에 도움을 청한 경험이 없는 경험자가 응답자의 92.3%나 차지했다. 여성가족부가 만 19세 이상 9,000명을 대상으로 실시한 '2022년 가정폭력 실태조사' 결과에 따르면 지난 1년간 배우자나 파트너에게 신체적·성적·경제적·정서적 폭력 중 하나라도 당한 비율은 여성 9.5%, 남성 5.8%로 나타났다.

이별 경험이 있는 사람의 폭력 피해 경험률은 여성 54.5%, 남성 47.4%로 동거 중인 응답자의 폭력 피해 경험(14.3%)에 비해 매우 높았다. 폭력 당시 '별다른 대응을 한 적이 한 번도 없다.'는 응답은 53.3%로 나타났고 별다른 대응을 하지 않은 이유로는 폭력이 심각하지 않다고 생각해서(25.6%), 내 잘못도 있다고 생각해서(14.2%), 배우자·파트너이기 때문에(14.0%), 그 순간만 넘기면 된다고 생각해서(12.9%) 등을 꼽았다(파이낸셜 뉴스, 2023. 7. 5.).

여성가족부에 보고되는 성폭력 피해 상담소 및 운영 실적에는 가족 친인척, 배우자에 의한 사례를 함께 집계하고 있어 아내강간에 대한 실태를 구체적으로 파악하기 어렵다. 대검찰청 범죄분석을 비롯하여 국가에서 발표하는 범죄 통계에서 성폭력 피해자와 가해자의 관계 중 남편에 의한 성폭력 범죄를 파악할 수 있는 항목은 없다. 이 때문에 남편에 의한 성폭력 범죄가 얼마나 신고되는지, 어떻게 처벌되는지는 알 수 없다. 피해자들이 아내강간을 신고하는 사례 자체가 매우 적기도 하다. 아내강간을 신고한다고 하더라도 '부부간'에 발생했다는 이유로 성폭력으로 인정받기 어렵다. 2022년 한국여성의 전화 상담통계에서 부부관계에서 발생한 성폭력 사건 중 피해자가 경찰에 신고한 건수는 단 1건에 불과하다(한국여성의 전화, 일다, 2023. 8. 18.). 폭력적이거나 강압적인 관계의 지속적인 영향을 받는 부부관계에서는 아내강간

역시 다른 성폭력과 마찬가지로 '폭행·협박' 없이 발생하는 경우가 많다. 때문에 아내강간 피해자들은 이를 신고하기도 어렵고 신고하더라도 '물리적'으로 입증하기 어려운 현실에 놓인다.

　1995년 형법 제32장 '정조에 관한 죄'는 '강간과 추행의 죄'로 개정되어 법이 보호해야 할 것은 '정조'에서 '성적자기결정권'으로 바뀌었다. 2012년 강간죄의 객체가 부녀에서 사람으로 확대되어 (아내를 포함한) 여성이 독립된 개인으로 성적자기결정권을 보장받을 수 있는 단서가 생겼다. 2013년 5월 17일, 대법원 전원합의체는 남편이 아내를 흉기로 위협해 강간한 사건에서 아내강간을 최초로 인정했다(2012 도 14788, 2012 전도252 전원합의체 판결). 재판부는 "부부 사이에 민법상의 동거 의무가 인정된다고 하더라도 거기에 폭행, 협박에 의하여 강요된 성관계를 감내할 의무가 내포되어 있다고 할 수 없다. 혼인이 성적자기결정권에 대한 포기를 의미한다고 할 수 없고, 성적으로 억압된 삶을 인내하는 과정일 수도 없기 때문이다."라며 강간죄가 성립한다고 판단했다(일다, 2023. 8. 18.).

　법원의 판결은 변했지만 부부간 성범죄는 여전히 가정사로 치부된다. 가정폭력 피해를 지원하는 현장 활동가들은 "17년 전이나 지금이나 부부강간 범죄 피해를 입증할 방법이 요원하기는 마찬가지"라고 입을 모았다. 심각한 폭력이 동반돼 피해자의 신체에 사건의 흔적이 남는 사례가 아니라면, 부부간 성적 접촉은 공권력이 개입할 사안이 아니라고 여겨진다. 일반적인 강간 사건이나 가정 내 아동학대 범죄는 공론화가 충분히 진행돼 사회적 경각심이 높지만, 부부간 성범죄는 공론화 기회조차 없었다. 부부는 성적인 접촉이 무한정 허용된 관계라는 인식이 개선되지 않았기 때문이다. 부부간 성범죄에 대처하기 위한 제도가 허술한 것도 문제다. 부부간 성범죄는 대부분 형사사건이 아닌 '가정보호사건'으로 분류된다. 가정보호사건에서 가해자는 형사처벌이 아닌 보호처분을 받게 되며 전과도 남지 않는다. 가해자가 처벌을 면할 가능성도 높다.

처벌 등에 관한 특례법(가정폭력처벌법) 제9조는 피해자가 처벌을 희망하지 않으면 가해자를 처벌하지 않는다고 규정한다. 경제적 생활 공동체라는 부부관계의 특성상 피해자는 쉽게 처벌을 단념하게 된다. 가해자와의 분리도 명확하게 담보할 수 없고, 가해자가 벌금형을 선고받으면 피해자도 이를 함께 부담해야 하기 때문이다(쿠키뉴스, 2021. 8. 20.).

부부 또는 연인 관계에서 발생하는 성범죄는 개인의 문제로 축소되고 있다. 이는 사회 전반에 가부장제 문화가 짙고, 법정은 물증 위주로 판단에 몰두하기 때문이라고 조은희 한국성폭력 상담소 활동가는 말한다. "재판부는 여전히 피해자에게 피해 사실을 반복적으로 추궁하는 2차 가해를 되풀이한다."며 "성인지 감수성에 개선의 여지가 많다."고 비판했다.

남편이 아내에게 저지르는 신체폭력, 성폭력, 언어폭력, 정서폭력을 생면부지의 다른 여성에게 똑같이 저질렀다면 처벌의 수위는 현격히 차이가 날 것이다. 결혼은 성관계할 권리를 무한정 부여하는가? 가부장적 문화와 제도 아래서 결혼은 강간을 합법화한다. 부부간에 성적자기결정권을 보장하면서 동의를 구하고 성관계를 하는 사람이 얼마나 되겠냐고 반문한다. 결혼해서 잘못하다간 성범죄자가 되느니 차라리 결혼하지 않는 게 낫다고 농담 섞인 진담을 한다. 이는 모두 강간문화가 양산한 의식들이다.

부부 사이에 성폭력이 발생해도 이를 신고하는 사례는 매우 드물다. 물리적인 증거를 제시하기 어려운 이유도 있지만, 무엇이 성폭력인지 잘 인지하지 못해서이기도 하다. 또 사람들의 시선과 사회적 인식이 가부장적이고 보수적이고 유교적인 관점에 사로잡혀 있기 때문이기도 하다. 성폭력을 폭력의 관점에서 보지 않고 부부간 성적 취향의 다름이나 갈등으로 해석하는 경향도 짙다. 성격이 안 맞으면 이혼하면 되지 남편을 신고해서 꼭 범죄자로 만들어야 하냐고 질타한다. 하지만 성폭력은 다른 일반적인 폭력과 마찬가지로 권력 관계 안에서 벌어지는 불평등하고 파괴적인 범죄다. 갑의 위치를 점유한 남편이 아내를 항거불능 상태로 만들어 저지르는 비열하고 참혹하고 일방적인 범죄이며 이는 지속적이고 반복적인 경향을 띤다.

　성폭력을 당한 아내는 외부에 이 사실을 잘 알리지 않는다. 폭력의 정도가 심하지 않다고 여겨서, 남편이기 때문에, 자신이 그런 처지에 있다는 사실이 부끄럽고 창피해서 아내는 아무 말 안 하고 아무 일 없었던 것처럼 폭력의 세월을 침묵으로 버틴다. 폭력이 일상이 되면 그것이 폭력인지조차도 인지하지 못한다. 폭력은 그 수위를 점점 높여 간다는 특징이 있다. 가해자는 자신이 원하는 것을 얻으려고 폭력을 사용하여 피해자의 자유의지와 결정권을 짓밟는다. 사회와 제도와 문화와 법은 항상 가해자 편이다. 부부간 성폭력의 문제는 가정의 문제라고 여기기 때문에 국가적 개입을 꺼린다.

　남편은 국가의 비호 아래서 온갖 폭력(언어, 신체, 성, 정서)을 저지르다 아내가 못 참겠다고 일어나면 분노를 폭발하여 살인까지 저지른다. 오랜 시간 가정폭력을 당해 온 아내가 남편에게 살해당해도 남편이 받는 형량은 솜방망이처럼 가볍다. 대한민국은 아내강간을 명문화하기도 꺼리는 국가다. 부부 사이에 일어나는 성폭력은 가정에서 알아서 해결해야 한다고 방관한다. 이는 학교폭력이 발생했을 때 아이들 싸움으로 축소 해석하는 것과 마찬가지다. 국가가 부부 성폭력을 범죄로 인식하여 강력하게 처벌하지 않는 한 가정은 존폐 위기에 놓인다. 가정이 흔들리면 지역사회와 국가도 온전치 않음을 알아야 한다.

4. 피해자에게 처벌권이 주어진다면

국가가 독점한 처벌권이 피해자에게 주어진다면 피해자는 가해자에게 어떤 처벌을 내릴까? 피해자는 자신이 겪은 고통에 상응하는 처벌을 가해자에게 주기 원할 것이다. 그러자면 피해자가 경험한 고통을 직시해야 한다. 가해자가 저지른 성범죄로 인해 어떤 피해를 겪었는지, 또 지금 어떤 고통을 감내하고 있는지, 앞으로 어떤 후유증과 부작용이 따를지를 면밀히 검토해야 한다. 이 고통은 상황에 따라 달라질 수 있고, 촉발 요인을 맞닥뜨렸을 때 심화될 수 있다. 피해자가 자신이 겪은 피해의 총량을 결정할 때는 오로지 자신의 욕구와 감정에만 충실해야 한다. 사회적인 시선이나 타인에 대한 배려를 생각하면 가해자에게 적절한 처벌을 내릴 수 없다. 가해자에게 적절한 처벌이 내려지지 않으면 마음속에 억울함, 분노, 적개심, 보복심 등만 더 짙어질 뿐이다. 피해자는 어떤 사회적, 인간적 잣대나 판단의 두려움 없이 자신이 겪은 피해의 밑바닥부터 꼭대기까지 샅샅이 살피고 그 고통의 양에 상응하는 처벌을 가해자에게 내려야 한다.

1) 상상처벌

　피해자가 상상으로라도 가해자를 처벌하는 것은 국가가 성범죄자에게 합당한 처벌을 내리지 않았기 때문이다. 가해자를 상상처벌하는 것은 범죄의 책임소재가 명백히 가해자에게 있음을 인식하게 하고 피해자의 억눌린 감정의 정화를 돕기 위함이다. 또 가해자를 처벌하는 주도권을 가짐으로 상황을 통제할 수 있음을 인식하기 위함이다. 피해자들은 가해자가 주도하는 대로 끊임없이 침범당하고 유린당하고 고통당해 왔다. 이 주도권을 다시 찾아와야 자신의 삶을 통제할 수 있다는 자신감을 가질 수 있다. 통제에 대한 자신감이 없으면 아무것도 시도하지 못하고 공포와 불안 속에서 계속 피해 사실을 반추하며 살아야 한다.

　성범죄는 가해자가 악의를 품고 피해자에게 가한 신체적, 정서적, 영적 폭력이다. 피해자의 잘못은 조금도 없다. 가해자가 자신의 성욕을 절제하지 않고 피해자를 욕구 충족 수단으로 삼고자 결심했기 때문에 '성범죄'가 일어난다. 성범죄는 가해자가 선택한 극악무도하고 교활하고 더러운 범죄 행위일 뿐이다. 이토록 극악무도하고 교활하고 더러운 죄를 저질렀으니 그에 상응한 벌을 받는 것은 당연하다. 그 벌은 피해자가 겪은 고통과 동일하거나 버금가야 한다. 감옥에 갇혀서 몇 년 생활하는 것으로는 피해자의 고통을 조금도 알지 못한다. 징역형을 살고 나온 성범죄자가 다시 성범죄를 저지르는 것은 피해자의 극심한 고통을 조금도 알아차리지 못했기 때문이다. 때문에 가해자에게 그 고통이 얼마나 참담하고 깊고 지속적인지를 간접 경험이라도 해 보도록 해야 한다. 가해자의 인권 운운하는 국가의 법은 피해자의 인권은 조금도 고려하지 않기 때문에 피해자가 살려면 스스로 권리를 챙겨야 한다.

(1) 상상처벌의 종류

물리적 처벌

가해자는 피해자의 신체를 유린함으로 극심한 고통을 야기한다. 피해자는 질이 찢어지는 고통, 뼈가 조각조각 나는 듯한 고통, 벌레가 온몸을 기어다니는 듯한 고통, 숨이 막히고 질식사할 것 같은 고통, 자신의 몸이 아닌 듯한 이인감, 채찍에 몸이 갈기갈기 찢기는 듯한 고통, 잠을 자려고 해도 잘 수 없는 불면증 등을 경험한다. 이 고통을 가해자도 느껴 봐야 한다. 그래야 자신이 피해자에게 얼마나 끔찍하고 처참한 피해를 끼쳤는지 어느 정도 알게 된다. 이 고통에 통감하지 못하면 진심에서 우러나는 반성과 성찰은 불가능하다.

(2) 가해자가 받아야 할 처벌의 형태

① 고환과 성기를 조각조각 잘라낸다. 마취 없이 칼로 살을 떠

내는 고통을 고스란히 겪어야 한다. 성욕을 절제하지 못한 자기 성기를 저주하도록 한 꺼풀씩 천천히 성기와 고환을 잘라낸다. 잘라낸 살점들은 물고기 밥으로 준다. 다시는 성기로 같은 죄를 저지르지 못하도록 그 극심한 고통이 누구도 아닌 자신의 악행에 의해 초래되었음을 되새기고, 평생 피해자에게 준 고통을 사죄하며 살도록 해야 한다.

② 온몸의 뼈를 하나씩 꺾는다. 손가락, 발가락, 손목, 발목, 무릎, 고관절, 갈비뼈를 순서대로 최대한 천천히 꺾는다. 가해자는 자신이 꺾어버린 피해자의 일상과 미래를 통탄하며 고통 속에서 참회의 눈물을 흘려야 한다. 하루에 하나씩 뼈를 꺾어 제 발로 서지도 제 손으로 먹지도 못하게 만들어야 한다. 가해자는 심리적 지배를 통해 피해자를 족쇄에 매고 일어나지 못 하게 만들었으니 뼈가 부러지는 고통을 통해서라도 피해자의 상처를 조금이나마 헤아려야 한다.

③ 맨몸을 결박한 후에 벌레들을 몸에 쏟아붓는다. 꼬리에서 독이 나오는 전갈부터 송충이, 풀쐐기, 거머리 등으로 몸을 뒤덮는다. 가해자는 피해자가 꼼짝 못 하도록 힘으로 제압하고 악행을 저질렀으니 이와 비슷한 경험을 해 봐야 한다. 자신이 보호막이 되어 주고 세상의 악으로부터 방패가 되어 주어야 할 책임을 저버리고 피해자를 결박하고 끔찍한 고통을 그것도 수십에서 수

백 차례나 퍼부었으니 가해자는 결박당한 채 아무런 저항도 제지도 못 하는 상황에 처해 봐야 한다. 벌레들이 몸을 쏘고 몸속으로 들어오는 끔찍한 상황에서 손가락 하나 까딱할 수 없는 경험을 해 봐야 내가 무슨 짓을 저질렀나 깨닫게 된다.

④ 숨을 쉴 수 없을 때까지 목을 천천히 졸라야 한다. 목이 졸리면서 죽음의 공포를 느껴 봐야 한다. 비닐봉지를 덮어씌우고 코와 입이 막혀 극심한 고통 속에서 서서히 죽어 가도록 해야 한다. 가해자는 피해자가 숨도 쉬지 못하게 만들고 아무 말도 하지 못하게 만들었으니 이와 유사한 고통을 당해야 한다. 누구에게도 말하지 못하고 도움을 구하지 못하는 상태가 얼마나 암울하고 절망적이고 죽음처럼 칠흑 같은지 스스로 겪어 봐야 한다. 자신이 피해자에게 몰아넣은 상황이 얼마나 괴롭고 공포스러운지 가해자는 여실히 느껴 봐야 한다.

⑤ 몸의 살이 제 살이 아닌 것처럼 느끼도록 얼음물에 담가야 한다. 얼음 조각 속에 가두거나 몸에 물을 뿌리면서 계속 얼려야 한다. 피해자는 살기 위해 자신의 실체에서 벗어나 자기 몸을 나무나 돌처럼 느끼는 해리현상을 겪는다. 자신의 몸이 자신의 것이 아닌 것 같은 이인감을 경험한다. 끔찍하고 충격적인 사건을 겪어야만 경험되는 이런 현상을 가해자가 조금이라도 느낄 수 있을까? 매우 차가운 물질이 피부에 계속해서 닿으면 한순간 제살

이 아닌 것 같이 느껴진다. 가해자는 이런 처벌을 통해서 피해자의 고통에 조금이라도 동참해야 한다.

⑥ 가해자를 나무 기둥에 묶어 놓고 채찍으로 후려쳐야 한다. 피부가 찢기고 갈라져서 피가 흐르도록 때리고 상처가 낫기 전에 다시 채찍질해야 한다. 가해자는 피해자가 어떤 상처를 입는지 조금도 아랑곳하지 않고 지속적이고 반복적으로 죄를 저질렀으니 가해자도 지속적, 반복적 고통에 처해 봐야 한다. 고통이 얼마나 쓰라리고 처참한지 살이 터지고 껍질이 벗겨지고 뼈가 허옇게 드러나도록 하여 자신의 악행이 피해자를 얼마나 큰 고통 속에 몰아넣었는지 이 과정을 통해 깨달을 필요가 있다.

⑦ 잠을 재우지 말아야 한다. 며칠, 몇 주, 몇 달 동안 가해자가 잠을 자지 못하도록 만들어야 한다. 피해자는 가해자의 범죄 행위 때문에 수년에서 수십 년을 잠에 들지 못한다. 불면증은 사람의 정신을 피폐하게 하고 신체를 갉아 먹는다. 피로감은 산을 이루고 그 무엇도 활기차게 하지 못하게 만든다. 가해자는 피해자를 이런 상태에 처하게 해 놓고 두 발 뻗고 잠을 잘 잤을 것이다. 성욕을 해결한 가해자는 대자로 뻗어서 코를 골며 잘도 잤을 것이 자명하다. 피해자의 불면증을 가해자도 겪어야 한다. 몸은 피곤하지만 잠을 못 자는 상태, 이 상태로 수 일, 수십 일, 수백 일이 쌓였을 때 어떤 일이 발생하는지 가해자도 겪어 봐야 한다.

2) 정서적 처벌

 가정에서 일어나는 성폭력은 정서적 학대를 동반하는 경우가 많다. 정서 학대는 보호자를 포함한 성인이 아동의 건강 또는 복지를 해치거나 정상적 발달을 저해할 수 있는 정신적 폭력이나 가혹행위를 하는 것이라고 아동복지법 제3조 제7호에 명시되어 있다(아동권리보장원). 정서학대는 언어적 모욕, 정서적 위협, 감금이나 억제, 기타 가학적인 행위를 말하며 언어적, 정신적, 심리적 학대라고도 한다.

 친족 성폭력 범죄에서 자행되는 정서학대 중 언어폭력, 정서적 위협은 그 파급력이 피해자가 성인이 된 이후로도 지속적으로 미치지만 이런 부분에 대해 법은 매우 무지하고 그 피해를 감안하지 않는다. 성범죄자가 피해자를 상대로 저지르는 가스라이팅(심리적 지배)은 피해자의 자주성을 교묘히 무너뜨리고, 피해자가 자기 판단력을 의심하도록 한다. 가해자는 끊임없이 위협을 하면서 피해자의 현실감을 잃게 만들고 정서적 동화를 통해 피해자가 이성적으로 생각하고 행동하지 못하도록 심리적으로 지배한다. 앞서 열거한 사례에서도 가해자는 피해자를 성적으로 착취할 때 다른 가족에게는 비밀이라거나 다른 가족이 알면 힘들어진다거나 다른 가족을 해친다거나 관계를 끊는다는 등의 위협을 가했다.

 가스라이팅은 권력을 가진 자가 약자의 권리를 유린하고 착취할 때 주로 발생한다. 어린 시절에 자신의 권리에 대한 주도권을 상실한 피해자는 성인이 되어서도 삶을 주도하고 통제하는 데 큰 어려움이 있다. 가해자가 끊임없이 피해자의 심리를 지배하고 억압하고 왜곡하고 부정했기 때문에 피해자는 어떤 특정한 상황에서 드는 자기 생각과 감정을 의심한다. 자기 확신이 없으면 어떤 결정을 하거나 판단을 할 때 엄청난 어려움을 겪는다. 가해자가 자신의 이득을 위해 피해자의 기본적인 욕구와 소망을 탄압하고 말살했기 때문에 매우 기초적이고 자연스러운 욕구조차 알아차리거나 인정하기 어려워진다. 자신의 마음이 무엇을 원하는지 모르는 피해자는 가해자나 타인의 말이 옳다고 믿어 버린다. 자신이 원하는 것을 알아차리지도 당당히 밝히지도 못하는 피해자는 외적인 압력이나 회유, 설득에 쉽게 농락당한다. 친족 성폭력 피해자가 가해자의 손아귀에서 빠져나왔어도 이후에 가해자와 비슷한 성향의 연인이나 배우자를 선택하는 악순환에 갇히는 것은 이 같은 이유가 작동하기 때문이다. 친족 성폭력 가해자는 비단 범죄를 저지르는 동안만 피해자에게 피해를 끼치는 것이 아니다. 그 피해는 평생에 걸쳐 나타난다. 사고(思考)는 한 번 고착되면 바꾸기가 매우 어렵기 때문이다.

피해자는 자신이 하는 생각과 느끼는 감정이 누구로부터 왔으며 어떻게 고착되었는지를 면밀히 살필 수 있어야 한다. 스스로를 어떻게 평가하고 있는지, 그 평가가 어떻게 형성되었는지 심리적 지배 이전과 이후를 탐색해야 한다. 가해자가 피해자에게 자주 하던 말이 무엇이었는지 낱낱이 헤아려 볼 필요가 있다. 이 말들은 아무 근거가 없으며 가해자가 피해자를 성적으로 착취하기 위해 사용한 교활한 수단임을 알아야 한다. 그리고 이 말들을 가해자에게 돌려주어야 한다. 가해자에게 정서적 처벌을 하는 이유는 피해자 마음에 드는 끊임없는 의심을 벗어던지고 자기 판단력과 현실감을 되찾기 위함이다. 가해자가 피해자에게 했던 말들을 종이에 기록한다. 피해자가 스스로를 평가할 때 드는 생각도 모조리 기록한다. 기록한 말 중에 자기비하, 자기비난, 자기혐오 등 자신을 부정적으로 여기는 말들은 모두 외부에서 왔음을 알아야 한다. 이 말들은 사실이 아님을 명백히 밝혀야 한다. 자기를 비판하고 혐오해야 할 사람은 범죄를 저지른 가해자지 피해자가 아니다. '다 너를 위해 하는 말이야.'라는 거짓말은 산산조각 내 가해자 가슴에 고스란히 돌려주어야 한다.

(1) 정서적 처벌의 형태

① 피해자가 가해자를 떠올리면 감정이 격해지고 입 밖으로 튀어나오는 말이 있다. 이 말들을 녹음해 가해자에게 수백, 수천 번이라도 들려줘야 한다. 정서적 학대는 물리적 학대보다 치유

시간이 오래 걸린다. 피해자는 가해자에게 어떤 욕설을 해도 괜찮다. 사회는 가해자와 비슷하거나 똑같은 말을 하면 가해자와 동일한 수준이 된다고 피해자의 입을 막으려 한다. 가해자는 엄청난 범죄를 저지르고도 인격적이고 고상한 말을 듣기 원한다. 가해자에게 이토록 부드럽고 우아한 말을 들려주어서 피해자가 얻는 것은 무엇인가? 성범죄 재범률의 증가다. 거칠고 괴팍하고 저질적이고 가슴을 후벼 파는 말은 왜 피해자만 들어야 하는가? 피해자는 가슴이 후련해지도록 가해자에게 쌍욕을 퍼부어야 한다. 욕설은 감정의 정화를 돕는 한 가지 방법이기도 하다.

② 가해자를 아무런 빛이 들지 않는 동굴에 가두고 가해자가 피해자에게 했던 말들을 끊임없이 들려주어야 한다. 가해자는 피해자를 성적으로 착취하기 위해 정서적으로 고립시켰다. 누구에게도 도움을 구하지 못하고 철저히 혼자가 되도록 방치했다. 빛 한줄기 없는 어두운 곳에서 혼자가 되어 봐야 피해자가 얼마나 처절한 고통 속에서 몸부림쳤을지를 조금이라도 알게 된다. 암흑 가운데서 들려오는 소리란 피해자의 정신과 마음을 깨부수는 잔인한 말뿐이었음을, 그 참혹한 말들이 심장으로 내려가 어떤 독 뿌리가 되어 자랐음을, 그 독이 아직도 피해자의 마음을 장악하고 어둡고 사악한 기운을 뿜어내고 있음을 가해자는 알아야 한다. 고립감은 자살에 이르게 하는 중요한 요인 중 하나다. 그 고통

을 견디지 못하고 스스로 목숨을 끊은 피해자들 앞에 무릎 꿇고 피눈물을 흘리며 참회하도록 가해자를 처벌해야 한다.

③ 가해자를 발가벗겨 사람들이 많이 지나다니는 장소에 세워 두어야 한다. 수치심은 가해자뿐 아니라 사회가 피해자에게 강요한 감정이다. 가해자와 사회가 성범죄 피해자들에게 강요한 성적 수치심은 존재의 가치를 훼손시키고 비하하게 만든다. 더러운 년, 이미 버린 몸, 깨진 그릇 등으로 표현되는 성적 수치심은 사실 범죄를 저지른 가해자가 느껴야 할 감정이다. 피해자에게 성적 수치심을 강요하는 이유는 피해자가 자신의 존재를 폄하하여 입도 뻥끗하지 못하게 하려는 얄팍하고 비열한 수작이다. 수치심은 성범죄를 저지른 가해자가 전적으로 느껴야 하며 피해자가 느끼던 이 감정을 가해자에게 돌려주어야 한다. 발가벗은 가해자는 자신이 가해한 피해자에게서, 지나가는 사람들에게서, 쏟아지는 모든 비난과 비판을 고스란히 받아야 한다. 자신이 피해자에게 얼마나 극심한 상처를 남겼으며 그 상처가 피해자의 존재감에 얼마나 큰 치명타를 가했는지 가해자들은 여실히 깨달아야 한다.

④ 가해자의 눈을 가리고 아무런 가구나 장식이 없는 빈방에 가둔다. 가해자의 귀에 들리는 것은 오로지 메아리가 되어 들려오는 자신의 목소리일 뿐이다. 피해자는 성범죄 사건으로 인해 종종 무감각을 경험한다. 아무것도 느낄 수 없고 공허한 느낌이

든다. 이 때문에 살아 있음을 느끼지 못한다. 가해자에게 누구도 만날 수 없고 대화할 수 없는 상태를 만들어 사람으로서 살아 있다는 느낌이 들지 못하게 만들어야 한다. 가해자가 그 무엇도 느낄 수 없고 멍해지고 가슴이 휑하니 뚫린 듯한 공허감을 경험하도록 아무런 자극이 없는 커다란 빈방에 오래도록 가둬야 한다. 가해자는 피해자가 경험하는 무감각과 공허함, 살아 있다는 사실에서 멀어지고 멍해지는 느낌을 몸과 마음으로 느껴 봐야 성범죄의 극악함을 알아차릴 수 있을 것이다.

이런 모든 처벌은 일회성으로 끝나면 안 된다. 가해자는 피해자를 수년에서 수십 년에 이르도록 오랫동안 극심한 고통 속에 처하게 했으니 가해자도 이에 상응한 기간 동안 이런 처벌을 받아야 한다.

국가에서 정한 몇 년의 징역형은 가해자가 자신의 잘못이 무엇인지 깨닫지도, 범죄의 심각성을 인식하지도 못하게 한다. 자신이 저지른 범죄가 피해자와 그 인생에 어떤 악영향을 미치고 사회질서를 파괴하는지 가해자는 모른다. 이런 무지가 출소 후 다시 성범죄를 저지르게 한다. 무지를 깨려면 경험하고 배워야 한다. 몸으로 배운 것은 뼛속 깊이 들어간다. 상상처벌은 가해자가 피해자의 입장에 서 보게 하고 그 고통의 크기와 강도를 가늠해 봄으로써 다시는 동일한 범죄를 저지르지 못하도록 한다.

4장

침묵과 용서

국가는 처벌권을 독점하고 가해자를 제대로 처벌하지도, 피해자의 생명과 안전을 지켜주지도 못했다. 형태를 달리하여 변질되고 진화하는 성범죄가 끊임없이 양산되는 현실은 우리 사회가 건전하지도 정의롭지도 않음을 말해 준다. 그렇다고 우리가 몸담은 공동체가 범죄의 구렁텅이로 속절없이 빠져들어 가는 꼴을 그냥 두고 볼 수는 없다. 성범죄의 사슬을 끊고 약자가 존엄한 인간으로 살아갈 방안을 강구해야 한다.

성범죄를 지속적, 반복적으로 유지하는 요인 중 가장 큰 요인은 침묵이다. 침묵은 범죄 행위를 은폐시키고 음지에서 더욱 번성하게 한다. 우리가 침묵하는 이유는 여러 가지다.

- 지식이 없을 때 침묵한다. 아는 것이 아무것도 없으면 말할 것도 없다.
- 귀찮고 게으를 때 침묵한다. 자신의 의견을 피력할 만큼 열정을 가지지 않으면 입을 다문다.
- 뭔가 거슬리고 불편한데 그 실체가 무엇인지 깊이 생각해 보지 않을 때 또는 그 실체를 파악하기 어려울 때 침묵한다.
- 말을 하면 내가 주변 사람들에게 이상하게 비치리라 여길 때 침묵한다.
- 머릿속이 복잡하고 생각이 휘몰아칠 때 침묵한다.
- 내 말을 다른 사람이 귀 기울여 들어주리란 확신이 없을 때 침

묵한다.
- 말할 가치가 없거나 말이 통하지 않는다고 여길 때 침묵한다.
- 상대방에게 반감을 품거나 그 행동이 못마땅한데 그가 나보다 더 큰 권력을 가지고 있을 때 침묵한다.
- 말을 하면 누군가 피해를 본다고 생각할 때 침묵한다.
- 보복의 두려움 때문에 부당한 상황을 참을 때 침묵한다.
- 혼란스럽고 압도되는 기분이 들 때 침묵한다.
- 무슨 말을 해야 할지 감이 안 올 때, 예를 들어 끔찍한 사고나 질병을 겪고 있는 사람 앞에서 침묵한다.
- 불안하고 공포를 느낄 때, 감당할 수 없는 상태에 이르면 아무 말도 못 하게 된다.
- 폭력에 동조하여 주동자의 행위를 묵인할 때 침묵한다.
- 말을 하면 나에게 손해라고 느낄 때 침묵한다.
- 말을 하면 현재보다 더 힘들어진다고 여길 때 침묵한다.
- 나만 입 다물면 기존의 안정과 평화가 깨지지 않는다고 여길 때 침묵한다.
- 내 말로 인해 관계가 어그러지거나 불편하게 되리라 걱정할 때 침묵한다.
- 고요하고 차분할 때 침묵한다.

침묵은 다양한 의미를 내포한다. 성범죄 피해자들이 침묵하는 이유는 한두 가지로 규정할 수 없다. 이런 복잡다단한 이유로 대다수의 피해자는 침묵하지만 용기 있는 소수의 사람은 침묵을 깨고 범죄 사실을 폭로한다. 성범죄 피해자가 오랜 시간이 흘러서라도 피해 사실을 밝히는 이유는 다양하다.

- 가해자가 그 범죄 사건을 어떻게 기억하는지 알아보려고 침묵을 깬다. 피해자에게 끔찍하고 충격적인 범죄가 가해자에게는 별것 아닌 일이나 로맨스로 기억될 때가 많다.
- 가해자가 피해자에게 얼마나 참담한 짓을 저질렀는지 알려 주려고 사건을 폭로한다.
- 피해자의 마음속에 담고 있는 미해결 된 부분, 즉 트라우마를 치유하려고 폭로한다.
- 가해자가 피해자에게 진심으로 용서를 빌기 원하기 때문에 폭로한다.
- 그 끔찍하고 경악스러운 일이 피해자가 아닌 가해자의 잘못으로 일어났음을 확인하려고 폭로한다.
- 세월이 아무리 많이 흘러도 피해자는 그 사건을 또렷이 기억한다는 것을 알려 주려고 폭로한다.
- 진실을 밝혀야 그때부터 치유와 회복이 일어나기 때문에 폭로한다.
- 은폐된 사건을 드러내 같은 잘못을 저지른 가해자들을 처벌하려고 폭로한다.
- 약자(여성, 어린이, 노인, 장애인 등)에게 가해지는 성범죄를

뿌리 뽑기 위해 폭로한다.
- 가해자가 당당하고 떳떳하게 사는 꼴이 역겨워서 폭로한다.
- 사회 정의를 실현하기 위해 폭로한다.
- 과거를 정리하여 삶에 통합하고 현재와 미래를 살기 위해서 폭로한다.

오랜 세월이 흘러도 진실을 밝히는 피해자의 마음은 오그라들고 식은땀이 흐르고 심장이 벌렁거린다. 결심에 결심을 하고 마음을 단단히 먹어도 전혀 초연해지지 않는다. 진실을 밝히기로 마음을 굳게 먹고 오랜 고민 끝에 결단을 한 후 진실을 밝힌다. 특히 성범죄는 피해자에게 덧씌우는 온갖 더럽고 치졸하고 야비한 사회적 인식 때문에 침묵을 깨기가 더 어렵다. 침묵을 깨고 진실을 밝혔을 때 가해자 및 권력자들의 반응은 피해자 및 약자들의 반응과는 사뭇 다르다. 진실을 의심하고 피해자에게 2차 가해를 하고 사건의 원인을 피해자에게서 찾을 때 피해자들은 더욱 입을 닫는다. 침묵은 범죄에 동조하고 더 극악한 범죄를 재생산하고 유지하고 악화시키는 강력한 요인이다. 모든 범죄는 침묵을 깨고 폭로할 때 그 진상이 드러난다. 폭로는 용서로 가는 과정의 첫걸음이 된다. 용서는 오랜 시간과 많은 과정을 걸쳐 일어난다.

1. 용서의 7단계

1) 폭로

용서의 첫 번째 단계는 폭로다. 진실을 폭로해야 가해자가 자신의 행위가 범죄임을 인식할 수 있다. 가해자는 범죄 행위를 저지르면서도 그것이 은폐되어 있을 때는 범죄의 심각성을 인지하지 못한다. 피해자가 폭로하기 전까지는 범죄가 드러나지 않고 끝까지 숨길 수 있으리라 여긴다. 반복된 범죄 행위를 해도 피해자가 발설하지 못한다는 사실을 알면 더 기고만장해진다. 신체적, 언어적, 정서적 폭력의 수위를 높여 가며 성폭력을 저지르면서 피해자를 더 강력하게 옭아맨다. 폭로는 피해자가 더 이상 가해자의 희생양이 되지 않기로 결심했을 때 일어난다. 폭로는 더 이상 가해자가 원하는 대로 행동하지 않겠다고 피해자가 결단한 증거다. 가해자는 그 사건이 죽을 때까지 은폐되기를 원한다. 가해자는 피해자가 침묵하기를 바란다. 침묵의 세월이 길어질수록 가해자는 안도한다. 해묵은 문제를 폭로했을 때 사회적인 시선도 이런 가해자의 바람과 동일선상에 있다. 왜 이제 와서 그 사건을 들먹이는지 의심과 조롱의 눈길을 보낸다. 피해자가 성범죄를 폭로했을 때 가해자와 사회와 법은 피해자의 입장보다 권력자의 입장을 대변한다.

물리적 폭력은 끝났을지라도 폭로하지 않으면 정신적, 심리적 폭력은 계속된다. 피해자는 망령처럼 떠도는 성범죄 피해의 끈질긴 고리를 끊고 싶어서 오랜 세월이 흘러서라도 폭로한다. 과거의 사건이 현재와 미래를 점령하고 앞으로 나가지 못하게 하므로 과거의 저주에서 풀려나기 위해 폭로한다. 폭로하지 않으면 과거의 그 사건이 피해자의 삶에서 너무 큰 부분을 차지한다. 인생의 시간 중에 이 사건이 너무 크게 부각되고 도드라지기 때문에 시간의 분배와 삶의 통합을 이루어 내지 못한다. 인생을 생각하면 그 끔찍하고 불행한 장면이 튀어나와 다른 즐겁고 행복하고 기쁜 시간이 잠식당하고 제거된다. 폭로를 통해 그 사건이 발생한 시간을 명료하게 구분하고 더 이상 현재와 미래를 짓밟히지 않기 위해 피해자는 고통스러운 폭로를 감행한다.

폭로를 결심한 피해자가 범죄 사실을 폭로하기까지 오랜 망설임과 고뇌가 뒤따른다. 피해자는 단순하고 간단하게 이 사실을 입에 담지 못한다. 자기 입에서 그 사건이 폭로되었을 때 어떤 일이 발생할지 고민하고 또 고민한다. 심사숙고를 거쳐 폭로하리라 다짐했을 때도 마음이 평온하거나 차분해지지 않는다. 뱃속이 부글거리고 기름을 쏟아부은 것처럼 밍글거리고 척추를 타고 싸늘한 기운이 몸을 훑고 지나가고 소름이 돋고 식은땀이 난다.

치유되지 못한 트라우마는 일시에 끔찍하고 공포스러운 증상들을 몸과 마음에 쏟아붓는다. 이런 고통을 감내하면서도 피해자가 폭로했을 때 가해자와 사회와 법은 어떤 반응을 보이는가?

성폭력 사건을 말할 수 있는 대상은 범죄를 멈출 영향력 있는 사람이어야 한다. 범죄가 현재 진행 중이라면 가족이나 친구 등 피해자의 말을 믿고 즉각 조처해 줄 수 있는 사람에게 성폭력 사실을 말해야 한다. 학교 교사, 상담사, 경찰 등도 고려 대상에 포함한다. 만약 성폭력 행위가 종료된 시점이라면 가해자에게 가장 먼저 그 행위가 끔찍한 폭력이었음을 밝히고, 가까운 가족, 친구, 상담사 등 이를 믿어 줄 사람에게 폭로할 수 있다. 자신에게 일어난 일을 말로 인정하고 표현하는 것은 범죄를 명백히 규정하고 용서의 기초를 닦는 첫 번째 중요한 작업이다.

폭로를 기점으로 피해자는 더 이상 단순히 성범죄 피해자가 아니다. 그런 참담하고 경악스러운 일을 겪고도 살아남은 생존자가 된다. 피해자는 침묵을 생존 전략으로 삼은 사람이지만 생존자는 목소리를 가진다. 생존자는 그런 사악하고 끔찍한 상황에서 어떻게 살아남았는지 말할 수 있다. 피해자가 생존자로 바뀔 때 비로소 삶의 통제감이 생긴다. 어떤 일을 말하고 싶을 때 말할 수 있다는 통제감은 삶을 다시 살게 하는 원동력이다. 피해자는 지금까지 범죄 사건에 대해 말할 수 없었고 아무 일도 없는 것처럼 살았다. 그러나 생존자는 자기 인생에서 일어났던 일을 말할 수 있고 그 일이 생존자의 삶에 어떤 영향을 미쳤는지 낱낱이 말할 수 있는 발언권을 가진다. 생존자가 폭로했을 때 주변 사람들, 사회기관, 법과 제도가 적절히 반응하면 생존자는 그때부터 진정한 삶을 살 기회를 얻게 된다.

폭로는 한 사람의 인생에만 영향을 미치는 것이 아니다. 유사한 피해를 당하고 있거나 당한 사람들에게 용기와 격려와 위로를 준다. 생존자의 증언은 사회를 움직이는 데 기여하고 가해자들에게 경종을 울리는 역할을 한다. 폭로는 사회를 건전하게 하고 정의롭게 만드는 밑받침이 된다. 생존자의 폭로는 음지의 곰팡이 같은 성범죄를 살균하고, 변태적이고 가학적이고 음란한 강간문화를 뿌리 뽑는 데 가장 중요한 역할을 한다.

2) 반추

생존자가 폭로를 하면 가해자의 마음에는 찔림이 일어나야 한다. 찔림은 양심의 활성화를 의미한다. 폭로가 있기 전에는 가해자는 자신이 한 행동이 비상식적이고 가학적이고 파괴적이고 패륜적이고 반인륜적인 행동임을 잘 인식하지 못한다. 그 행위가 한 사람의 인생을 무참히 짓밟은 범죄임을 인지하지 못하는 경우가 많다. 생존자의 폭로는 범죄에 대한 인지도를 높여 양심과 상식을 작동시킨다. 범죄의 심각성을 알고 양심이 작동하면 찔림이 일어난다. 마음의 찔림은 반성과 성찰을 동반한다. 이런 마음 상태에서 가해자는 그 사건을 반추해야 한다. 자신이 저질렀던 범죄를 하나도 빼놓지 않고 낱낱이 반추해야 한다. 반추는 자신이 한 행동과 말을 반복해서 되새기는 적극적 행동이다. 기억이 잘 안 난다면 피해자의 증언을 토대로 하나하나의 사건을 반추해야 한다.

반추하는 과정을 통해 무엇이 문제이며, 그 문제로 인해 누구에게 어떤 영향을 끼쳤으며, 현재 생존자의 상태는 어떤지, 어떻게 하면 생존자에게 용서를 빌 수 있을지를 생각해야 한다. 반추의 과정은 괴롭고 고독할 수 있다. 범죄를 저지를 때는 절제되지 않은 욕망에 눈이 가려져 앞뒤 생각 없이 끔찍한 짓을 저질렀지만 양심의 눈을 뜨고 보면 차마 마주할 수 없는 사실들이 보일 것이다. 이 사실들을 외면하거나 회피하거나 변명하지 않고 있는 그대로 볼 줄 알아야 한다. 가해자들이 자신이 저지른 범죄를 별 것 아닌 일로 축소하거나 합리화하는 이유는 충분한 반추를 거치지 않았기 때문이다. 반추는 발생한 일을 가감 없이 되새기면서 내적 성찰을 얻게 하고 문제를 해결할 방안을 떠올리게 한다. 국가가 제시하는 절차와 형식적 방식으로는 생존자의 상처를 치유할 수 없다. 가해자가 범죄 사실을 부인하고 축소하고 변명할수록 생존자의 마음은 얼어붙고 멀어진다. 그러면 진정한 용서를 이룰 수 없다.

　가해자는 생존자의 폭로를 듣고 양심이 작동하는 대로 범죄 사실을 낱낱이 반추해야 용서받을 수 있는 가능성이 열린다. 반추하기를 거부하거나 회피하면 가해자는 범죄를 저지르던 상태에서 조금도 변화하지 못한다. 범죄 사실을 되새기고 되새기면서 범죄의 심각성과 악영향을 뼛속 깊이 깨달아야 내면의 악하고 뒤틀린 성 개념을 고쳐먹을 수 있다. 내면의 변화가 일어나지 않으면 성범죄자는 국가가 정한 일정 기간의 형량을 채우고 출소한 후 또 똑같은 범죄를 저지른다. 내면에 도사리는 반인륜적이고 비상식적이고 파괴적이고 변태적인 성향을 오롯이 인정하고 반성해야 비로소 용서로 가는 초석을 놓았다고 할 수 있다. 반추를 통해서 자신의 내면을 보기 어렵다면 전문가의 도움을 받아서 반추의 과정을 철저히 거쳐야 한다.

　자신이 한 행동이 무엇인지 정확하게 인지하지 못하는데 어찌 반성과 성찰이 이루어지겠는가? 그 사실을 떠올리기도 끔찍하고 싫다면 그 일을 직접 겪은 생존자를 생각해야 한다. 자신이 한 행동이 생존자에게 무엇을 뜻하는지 반드시 깨달아야 한다. 그런 범죄를 당하고도 살아남은 생존자에게 어떤 마음을 품어야 할지 깊이 고뇌해야 한다. 가해자는 생존자가 살아남아 폭로했기 때문에 지금까지 생각 없이 짐승처럼 살던 인생의 패턴을 끊을 기회를 얻는다. 폭로는 양심이 다시 작동하게 하고 사고(思考) 능력을 강제로 끌어올리는 기능을 한다. 폭로가 없었다면 가해자는 자신의 인생을 성찰할 생각도 하지 않는다. 아무 문제 없다고 여겼던, 끝내 침묵으로 사라졌을 그 범죄가 폭로를 통해 만천하에 드러났을 때 가해자는 그때야 자신이 저지른 일이 '큰일'이라고 여긴다. 처음에는 '큰일 났다', '망했다', '좆됐다' 정도로만 여기던 그 사건이 생존자의 삶을 얼마나 무참히 짓밟고 파괴하는 범죄였는지를 인지할 때 가해자의 내면은 조금씩 변한다. 자기중심적이고 유아적이고 패륜적이고 반인륜적이고 음란한 내면의 상태를 직시하게 된다. 자신의 내면 상태와 자신이 저지른 짓을 있는 그대로 인정해야 비로소 생존자에게 미안한 마음이 들고 사죄할 용의가 생긴다.

반추의 과정을 거치지 않으면 생존자의 증언을 축소하거나 부인하거나 저항하려고만 한다. 생존자의 증언을 망언이나 왜곡으로 폄하하기도 한다. 생존자를 무고죄로 고소하거나 명예훼손이라고 주장하며 공격하기도 한다. 폭로가 발생했을 때 가해자의 반응은 용서로 갈지, 증오와 더 깊은 트라우마를 남길지를 결정한다. 용서로 가기 위해서는 반드시 가해자의 반추가 있어야 한다. 그것도 철저하고 필사적인 반추를 거쳐야 한다. 반추는 가해자가 용서받기 위한 첫 번째 단계이다. 생존자가 폭로할 책임이 있다면 가해자는 반추할 책임이 있다. 처절한 반추를 거쳐야 가해자는 비로소 생존자의 마음을 헤아릴 준비를 하게 된다.

3) 헤아림

반추를 통해 자신이 한 행동과 말을 명확하게 인지했다면 헤아림의 과정으로 들어서야 한다. 헤아림은 자신이 한 말과 행동이 타인에게 어떤 영향을 미치는지 깊이 생각해 보는 것이다. 가해자가 피해자에게 해 왔던 말들을 가해자가 누군가로부터 들었다면 어떤 느낌일지 헤아려 봐야 한다. 가해자가 피해자에게 저질렀던 범죄를 누군가 가해자에게 행했다면 어떤 마음일지 헤아려 봐야 한다. 가해자의 말을 들은 피해자는 무엇을 느끼고 마음이 어떻게 변화했을지 가늠해 보아야 한다. 피해자의 감정이 쌓이고 쌓여 어떤 일이 발생했는지도 깊이 생각해 보아야 한다. 가해자가 그런 범죄를 저지른 것은 무엇 때문이었는지, 그런 행동이 타인의 인생에 얼마나 끔찍한 악영향을 미쳤는지 깊이 헤아려 보아야 한다. 헤아림은 내면의 동기를 탐색해 보는 과정이다. 자신의 과거와 현재의 상태 및 감정을 낱낱이 탐색해 보며 왜 그런 극악한 선택을 하게 되었는지 스스로를 해부해 보는 시간을 가지는 것이 헤아림의 과정이다.

헤아림은 자기중심적이고 이기적인 관점에서 벗어나 생존자의 관점을 돌아보게 한다. 헤아림은 그 범죄를 한 발 떨어져서 객관적으로 보게 한다. 모든 범죄를 저지르는 가해자들은 지극히 자기중심적 관점에 매몰되어 있다. 몸은 성인이지만 정신은 유아기에 고착되어 있다. 헤아림은 마음의 넓이를 키우는 훈련이다. 마음의 넓이를 키워 자신을 객관적으로 바라볼 수 있어야 생존자의 마음에 공감할 수 있다. 헤아림의 과정을 거치지 않으면 종지만 한 마음에 생존자의 증언과 감정과 범죄로 인해 발생한 사실들을 담을 수 없다. 헤아림은 상대의 마음을 부단히 살펴 편안하게 해 주려는 노력이다. 가해자는 오랫동안 피해자를 불편하게 하고 괴롭혔다. 자신의 괴롭힘이 피해자에게 신체적, 정서적, 관계적, 영적 영역에 어떤 영향을 미쳤는지 낱낱이 헤아려 보아야 한다. 이런 헤아림의 시간을 거쳐야 가해자는 성인이 된다. 자신이 선택한 일에 책임을 질 수 있고 잘못과 실수를 다시 반복하지 않는 어른이 된다. 성인이 되는 훈련과 시간을 거치지 않으면 계속해서 같은 잘못을 저지르고 그러면서도 무엇이 잘못인지 모르는 개망나니가 된다.

 헤아림은 생존자의 마음을 이해하는 데 중요한 역할을 한다. 헤아림은 생존자가 살아온 삶의 방식을 사회적 통념이나 가해자의 편에서 판단하고 정죄하는 것이 아니라 살아남기 위한 필사의 노력으로 받아들이게 한다. 가해자가 저지른 범죄가 없었다면 피해자가 살았을 삶은 현재와는 매우 달랐을 것이다. 피해자 삶의 과거, 현재, 미래까지 헤아려 보는 것이 용서로 가는 데 중요한 열쇠 역할을 한다. 이런 전반적인 헤아림이 없이 피해자의 고통을 획일화된 잣대로 자르거나 구분하려 하고, 경찰 진술이나 조서가 밝힌 내용만으로 가해자를 처벌하는 것은 가해자에게 손쉬운 면죄부를 주는 것과 같다. 가해자가 짓뭉개 버리고 파괴해 버린 한 인생을 헤아려 보는 시간도 가지지 않으면서 피해자에게 사죄한다는 것은 어불성설이다. 진정한 용서를 원한다면 반드시 사죄해야 하며, 사죄 이전에는 뼈를 깎는 헤아림이 있어야 한다.

4) 공감

헤아림이 충분히 쌓였을 때 가해자는 생존자의 마음에 공감할 수 있다. 타인의 마음에 공감하는 능력은 하루아침에 형성되지 않는다. 가해자가 피해자의 마음에 공감할 수 있었다면 처음부터 범죄를 저지르지도 않았을 것이다. 피해자가 범죄를 당할 당시 얼마나 끔찍하고 고통스럽고 공포에 질렸을지 조금이라도 공감했다면 가해자는 자신의 행동을 즉시 멈췄을 것이다. 공감은 타인의 마음을 함께 느끼는 것이다. 타인의 마음속으로 들어가는 능력은 나이를 먹는다고 자동으로 생겨 주지 않는다. 상대방이 느끼는 것에 잘 공감할 수 있는 방법은 상대방이 마음을 표현할 수 있도록 환경을 제공하고 마음을 표현할 때 있는 그대로 들어 보는 것이다. 성범죄가 현재진행형일 때 피해자가 느꼈을 고립감, 좌절감, 배신감, 두려움, 모멸감, 분노, 슬픔, 억울함, 위축감, 무기력감, 소외감, 우울감 등을 생존자의 입에서 나오는 대로 가해자도 느껴야 한다. 생존자는 가해자가 자신을 진정으로 공감한다고 느낄 때 과거를 삶에 통합하고 앞으로 나갈 힘을 얻는다.

진정한 공감은 엄청난 힘을 발휘한다. 생존자는 가해자 및 사회가 자신의 말을 듣고 공감한다고 느끼면 자신의 감정에 대해 자신감을 갖는다. 피해자는 끊임없이 자기 감정과 생각을 검열하고 의심해 왔다. 가해자가 피해자의 감정을 계속해서 묵살했기 때문에 자신이 느끼고 생각하는 것에 대해 확신을 가지지 못한다. 그러나 진정한 공감은 자신이 느끼는 것과 생각하는 것이 옳다는 확신을 갖게 한다. 또 생존자의 경험이 가치 있는 것으로 인식하게 한다. 공감은 편견이나 판단 없이 생존자의 감정을 있는 그대로 수용해 주는 것이다. 수용받고 타당화된 감정과 생각과 경험은 있는 그 자체로 값진 것이다. 자신의 경험과 감정이 가치 있다고 여기면 곧 자존감이 높아진다. 억압받고 무시당하고 거절당해 위축되고 쪼그라든 자존감은 공감을 통해 다시 제자리를 찾는다.

자신의 가치에 대해 확고한 신념을 가지면 이제까지 끊임없이 하던 자기 의심과 회의를 떨어낸다. 자신에 대한 의심을 멈추면 막연한 두려움을 제거하고 담대해진다. 자기 의심과 자기 비하는 가해자와 사회가 피해자를 흔들고 무기력하게 만드는 데 일조한다. 그러나 자기 의심과 회의를 버리면 사회적 편견에 맞설 힘이 생긴다. 과거의 일은 이미 일어났지만 그 과거가 현재와 미래를 좌지우지하도록 내버려두지 않는다. 과거의 사건이 인생의 한 부분임을 인정한다. 그 사건이 인생의 전체가 아니라 부분임을 인정하고 직시하면 자신의 삶에서 일어난 일을 해결하는 최선의 방법이 무엇인지 찾아볼 용기가 생긴다.

또한 공감은 생존자에게 더 나은 삶을 살아갈 동기를 제공한다. 더 나은 삶이 무엇인지 고민하고 그 삶을 위해 변화와 도전을 시도하고 구체적인 목표를 설정하여 목표를 이룰 계획을 하고 이를 실천하게 한다. 공감은 피해자가 생존자로서 살아갈 힘을 제공한다. 충분히 공감받고 자기 감정과 경험과 생각이 타당하다는 사실을 확인받은 생존자는 피해자로서의 인생이 아니라 귀하고 소중한 본연의 모습에 충실하게 살아간다. 공감은 피해자로서 살았던 삶을 생존자의 삶과 통합하게 만드는 다리 역할을 한다. 가해자와 피해자를 둘러싼 주변 사람들의 진정한 공감은 성범죄 사건에서 살아남은 생존자의 가치를 재정립하는 기회를 제공하며 공감을 통해 생존자는 다시 새로운 삶을 살고자 하는 희망을 품게 된다. 세상과 사람에 대한 신뢰를 회복하고 자신이 살아갈 세상을 긍정적이고 낙관적으로 인식하게 한다.

피해자가 트라우마에서 벗어나려면 반드시 가해자의 공감이 있어야 한다. 그 누구보다 자신을 어둠의 구렁텅이로 밀어 넣었던 가해자의 공감이 있어야 피해자는 자신의 발로 일어서서 다시 살아갈 의지와 동기를 얻는다. 그리고 자기 삶에서 일어났던 사건들에서 의미를 찾고 그 의미를 많은 사람들과 공유하며 자신만이 할 수 있는 일을 실행하게 된다. 이 단계에 이르렀을 때 생존자는 전체적이고 통합된 시선으로 자신의 삶을 바라볼 수 있다. 생존자가 통합된 관점으로 인생을 담담하게 바라볼 수 있을 때 용서에 한 걸음 다가가게 된다. 생존자가 가해자를 용서해 주려면 반드시 가해자의 공감이 선행되어야 한다.

5) 사죄

가해자가 반추, 헤아림, 공감의 단계를 충실히 밟아 왔다면 이제 피해자에게 사죄할 마음이 생긴다. 사죄는 가해자가 자신의 죄나 잘못을 인정하고 그에 대해 죄책감을 갖고 피해자에게 용서를 비는 것이다. 용서를 비는 가해자의 마음은 피해자가 어떤 반응을 보여도 반박 없이 받아들이겠다는 빈 마음이어야 한다. 가해자가 용서를 빌었다고 피해자가 이를 다 받아줄 필요는 없다. 용서 속에는 권력체계가 작동해서는 안 된다. 내가 이만큼 했으니 너도 내가 예상한 대로 반응하고 응해 주어야 한다는 강요는 여전히 피해자를 한 사람의 인격체로 대하지 않는다는 의미다.

사죄는 가해자가 피해자와 동등하고 수평적인 관계가 되었을 때 이루어진다. 인격체는 스스로 생각하고 선택하고 결정할 권리를 지닌다. 생존자가 아직 죄를 용서할 때가 아니라고 생각하면 가해자의 사죄는 받아들여지지 않는다. 생존자가 가해자의 사죄를 받아들이지 않았다고 화를 내거나 채근하거나 설득하려 하면 용서는 저 멀리 달아난다. 사회와 법과 제도는 가해자가 용서를 비는 제스쳐만 취해도 감형과 선처와 정상참작을 해 주지만 용서는 그리 쉽게 이루어지는 것이 아니다. 생존자의 마음에 앙금이 남아 있지 않고 그 사건과 가해자를 담담하게 바라볼 때까지 가해자는 속죄하고 뉘우치는 마음을 가져야 한다. 생존자가 어떤 결정을 내리더라도 가해자는 기꺼이 받아들여야 한다. 자신이 피해자에게 어떤 극악한 짓을 저질렀는지 뼛속 깊이 깨달았다면 피해자의 반응이나 결정에 반박하거나 화를 낼 수 없다. 죄를 지은 자는 벌을 달게 받아야 한다.

가해자가 사죄할 때 생존자는 자기 생각과 감정을 억누르거나 눈치 보지 않고 표현할 수 있어야 한다. 사회적 시선이나 주위 사람들의 평가가 두려워 괜찮다고, 이제 용서했다고 대충 얼버무리고 넘어가면 생존자의 트라우마는 치유되지 않는다. 치유되지 않은 상처는 용서를 완성하지 못하게 하는 치명적인 요인이다. 마음속에서 온전히 풀리지 않은 미해결 과제는 삶의 중요한 순간마다 걸림돌로 작용한다.

  죄를 사해 달라고 용서를 비는 가해자는 겸손한 마음을 가져야 한다. 겸손은 상대방과 자신을 동등하게 존중하는 마음이다. 두 사람이 각자 다른 인격체임을 인정하고 각각의 삶을 구분해서 볼 줄 알아야 한다. 각각의 인생을 존중하며 겸손하게 대할 때 가해자는 피해자에게 저지른 일이 죄악이며 범죄임을 명백히 인식할 수 있다. 가해자는 피해자의 삶의 일부분이라도 침해하거나 권리를 빼앗거나 고통을 주어서는 안 된다는 사실, 친족이란 권력은 피해자를 보살피고 지켜 주고 양육하고 키워 주기 위해 주어졌다는 사실을 알게 된다. 가해자가 피해자를 자신의 부속품이나 욕구 해소용 수단으로 보지 않고 존엄한 인격체로 각인하기 위해서는 겸손한 마음으로 생존자를 대해야 한다.

  존중은 인격에 국한되는 말이지 행동을 존중하라는 것이 아니다. 사죄는 행동을 교정하겠다는 결단이다. 자신이 저지른 짓이 극악무도한 범죄임을 인정하고 다시는 그러한 죄를 저지르지 않겠다는 강한 의지를 드러내는 마음의 표시가 사죄다. 사죄가 사죄다워지려면 행동을 어떻게 고칠 것인지에 대한 구체적인 방법이 제시되어야 한다. 우리는 사죄가 말로 '잘못했다.'라거나 '용서해 달라.'고 비는 행위라고 생각하지만 사죄는 말로만 그쳐서는 안 된다. 피해자가 원하는 방식대로 그 피해를 명시적으로 보충해 주어야 한다. 이는 용서로 가는 여섯 번째 단계 보상/처벌과 밀접한 관계가 있다.

6) 보상/처벌

현재 대한민국 법은 범죄가 발생했을 때 가해자 처벌에 역점을 둔다. 가해자를 처벌하는 것이 가장 간단하고 손쉬운 방법이기 때문이다. 국가가 법을 제정하고 이에 따라 가해자를 처벌하면 피해자는 범죄의 고통에서 풀려나 안전하고 행복하게 살 수 있는가? 피해자가 범죄 사실을 폭로하고 생존자가 되었을 때 가해자와 국가와 사회는 어떻게 보상 및 처벌해야 생존자가 자신의 삶을 오롯이 살 수 있을까?

생존자가 자신에게 벌어진 범죄에 대해 정당한 보상을 요구하려면 이 범죄의 심각성과 위해성을 자유롭게 말할 수 있는 환경이 조성되어야 한다. 숨겨진 사실은 실체를 파악하기 어렵다. 특히 성범죄는 은폐되고 축소되고 소멸되는 특징이 강하다. 범죄의 진상을 속속들이 드러내지 않으면 범죄로 인해 야기된 피해가 얼마나 큰 것인지 우리는 가늠하지 못한다. 피해의 규모나 실체도 파악하지 못하고 보상을 하려는 것은 처음부터 잘못된 시도다. 이는 큰 건물이 방화로 불탔는데도 현장에 가 보지 않고 보상금을 논하는 것과 같다. 피해의 진상을 파악하려면 철저히 피해자의 관점으로 사건을 봐야 한다. 가해자와 법과 사회는 피해자의 고통을 자꾸 축소하려 한다. 그 범죄는 별것 아니라는 메시지를 계속 주입하지만 생존자들은 이 신호에 굴복하지 말아야 한다. 생존자가 범죄로 인해 자신의 인생에 미친 타격과 피해를 감안할 때 기존의 잣대와 기준은 내려놓아야 한다. 기존의 법은 '이 정도면 충분하다.'고 피해자를 세뇌하지만 성범죄에 관련된 처벌이나 보상이 '충분한' 적은 한 번도 없었다. 법정에서 판결이 내려지면 피해자는 절망감에 오열하고 가해자는 억울하다고 큰소리친다. 대한민국 법이 처벌도 보상도 제대로 하지 못하고 있음을 보여 주는 장면이다.

  범죄의 진상을 생존자 관점에서 가감 없이 수용하고 생존자가 원하는 방식으로 피해를 보상해야 한다. 생존자는 경제적, 정서적, 사회적 보상을 요구할 수 있다. 경제적 보상은 피해자가 범죄로 인해 받은 피해에 대해 실제적이고 가시적으로 이루어지는 보상이다. 오늘날 가해자가 합의금의 형태로 피해자에게 건네는 경제적 보상은 아무런 준거가 없다. 피해자는 자신이 당한 고통을 어떤 기준에 준하여 어느 정도의 돈으로 환산해야 하는지 참고할 수 있는 자료가 없다. 성범죄와 돈이 결부되면 안 된다는 통념에 눌려 합의금을 얼마나 요구해야 하는지, 얼마를 받았는지도 밝히기 어렵다. 공개적이고 투명해야 할 법이 소수 변호사의 손아귀에서 좌지우지된다. 이를 위해서는 공론화가 반드시 선행되어야 한다.

경제적 보상의 적정수준은 사람마다 다르지만 공론화가 충분히 이루어졌을 때 사회적으로 합당한 준거틀이 생긴다. 이 틀은 사건의 상황과 추이에 따라 유연하게 적용되도록 만들어야 한다. 경제적 보상은 기본적으로 피해자가 생존자로 살아온 삶을 통찰하면서 보상의 범위를 정할 수 있다. 처음 범죄가 발생한 연령, 범죄의 지속 기간, 범죄의 반복 횟수, 범죄의 구체적인 행동 양상을 살펴서 보상의 액수를 책정한다. 범죄가 중단된 이후에도 범죄는 피해자의 삶에 계속해서 영향을 미치기 때문에 폭로하기까지의 기간 동안 겪은 피해도 충분히 감안해야 한다. 경제적 보상은 피해자가 범죄 사실을 폭로하고 생존자로서 살아가는 데 불편함이나 부족함이 없을 정도의 수준으로 정해져야 한다. 생존자가 되어도 유년기의 트라우마를 극복하고 치유하는 데는 범죄를 말하지 못한 시간만큼 오랜 세월이 걸리기 때문에 생활하는 데 부족함이 없도록 충분히 보상해야 한다.

정서적 보상은 심리상담이나 집단상담, 심리치료 등의 형태로 이루어질 수 있다. 성범죄 피해자들은 세상과 사람에 대한 신뢰가 매우 결여되어 있으며 소외감과 고립감을 강하게 호소한다. 세상에 홀로 남겨진 듯한 절망감, 무엇으로도 채울 수 없을 것 같은 공허감, 세상과 사람에 대한 공포와 불안을 기본값으로 가지고 있다. 자신을 지켜주고 보살펴주어야 할 친족이 끔찍하고 참담한 범죄를 자신에게 저질렀으니 이는 당연한 현상이다. 이런 심리적 혼란과 고통으로 인해 성범죄 피해자들은 생활에서 다양한 어려움을 겪는다. 우울증, 섭식장애, 불안장애, 공황장애, 대인기피증, 불면증, 감정불능증, 자해 및 자살 충동 등의 실제적인 문제에 맞닥뜨린다. 이런 심리적 어려움을 해결해 나가도록 돕는 것이 정서적 보상이다. 피해자들은 정서적 보상을 통해 내면의 힘을 되찾고 과거에 매몰된 삶이 아닌 현재에 충실하고 미래를 설계하는 '평범한' 삶을 기대한다.

성범죄 피해자들은 오랜 시간 자기 감정을 억누르고 살았기 때문에 자신이 어떤 상황에서 무엇을 느끼는지 잘 알지 못한다. 성범죄는 좌뇌의 기능을 마비시키기 때문에 피해자가 자기 생각을 언어로 표현하는 것도 힘겹다. 피해자가 자신이 무엇을 느끼고 어떻게 생각하는지를 안전하고 신뢰할 수 있는 관계 안에서 충분히 표현할 수 있도록 시간과 공간을 제공해야 한다. 피해자가 자신의 개인적 경험을 떠올리고 느끼고 표현하는 일련의 과정은 생존자로 살기 위한 첫 번째 발걸음이다. 첫 번째 단계가 잘 진행되면 피해자가 현재 겪는 여러 가지 문제를 다루며 삶에 대한 통제권을 조금씩 회복하게 된다.

이와 맥락을 같이하여 피해자가 갖고 있는 사회적, 문화적 통념을 탐색하고 점검해 보는 것도 중요하다. 자신의 생각이 어디서부터 왔는지 출처를 알면 왜곡된 신념을 수정하는 데 도움이 된다. 자신의 감정과 생각이 타당하고 수용받을 만하다는 확신이 생기면 유사한 경험을 한 사람들과 집단상담을 하거나 자조모임을 갖는 것도 정서적으로 뒷받침이 된다. 자신이 겪는 문제가 혼자만의 문제가 아니며 이를 극복하기 위해 애쓰는 사람들과의 연대는 삶을 조금 더 넓은 관점으로 보게 하고 사회의 부조리에 맞설 힘을 제공한다. 타인이 겪는 문제에 공감하고 협력하며 트라우마를 극복하려는 노력은 새로운 방식으로 삶에 도전하게 한다. 집단 구성원의 도전과 시도를 지지하고 격려하고 지원하면서 자신의 정체성을 재확립하는 기회를 갖고 자신에게 주어진 잠재력을 찾게 된다. 이 잠재력을 현실화하여 개발하고 이제는 피해자가 아니라 생존자로서의 삶에 당당히 임하게 된다.

사회적 보상은 성범죄 피해자에게 찍힌 낙인과 차별과 혐오를 국가가 제거해 주는 노력을 말한다. 성범죄 피해자들이 오랫동안 침묵하는 이유에는 사회적 편견과 인식이 큰 몫을 한다. 피해자에게도 잘못이 있다거나, 왜 오랜 세월이 지나서야 범죄를 폭로했냐고 추궁하거나, 부끄러운줄도 모르냐고 손가락질 하거나, 성범죄를 당한 여자는 더럽혀졌다거나, 범죄를 합의된 성관계라고 몰아가는 식의 반응은 피해자가 생존자로 살지 못하게 하는 중요한 요인이다. 친족 성범죄를 성적 판타지로 탈바꿈시키는 강간문화도 큰 문제가 아닐 수 없다. 범죄 행위가 무엇인지 피해자의 관점에서 재해석하고 성범죄로 인해 누구 하나도 피해가 발생하지 않도록 국가는 최선을 다해야 한다. 국가가 권력을 가지고 피해자의 안전도 생명도 행복도 책임지지 않는다면 국가의 존립 이유는 사라진다.

7) 용서

생존자의 폭로를 시작으로 가해자의 반추, 헤아림, 공감, 사죄를 거쳐 보상과 처벌까지 충분히 진행되었다면 용서의 마지막 단계에 이르게 된다. 용서란 피해자가 범죄 사건을 떠올릴 때 격정적 감정의 변화 없이 담담하게 말할 수 있는 상태를 말한다. 용서는 사건 그 자체를 잊거나 가해자에게 선의나 연민을 가지는 것을 뜻하지 않는다. 용서는 인생에서 범죄 사실이 있었음에도 자신의 삶을 전체로 통합하여 바라보는 능력이다. 통합은 삶의 어느 한 부분이 지나치게 부각되어 어떤 선택이나 결정을 할 때 그 부분이 걸림돌이 되지 않고 다른 평범하고 일상적인 부분과 동일한 무게로 작용하는 것을 의미한다. 삶을 통합하려면 자신을 한 발 떨어져서 볼 수 있는 객관화(초인지)가 필요하다.

용서한 사람의 마음은 고요하고 평화롭다. 물론 가끔 범죄 사건이 생각나고 그와 관련된 감정이 올라오기는 하지만 이내 그 감정을 수용하고 평온한 상태로 돌아간다. 마음이 편안해야 일상을 영위하는 데 무리가 되지 않는다. 평화롭고 안전한 마음은 두려움과 불안을 잠재우고 새로운 일을 시도하고 도전하는 가장 기초가 되는 상태다. 용서의 여러 단계를 힘겹게 수행한 이유는 이 마음 상태를 얻기 위함이다.

그러나 우리는 용서가 아닌 것을 용서라고 착각할 때가 많다. 세상이 주장하는 용서 중 하나는 가해자에 대해 연민을 갖는 것이라 한다. 가해자 입장을 이해해야 용서할 수 있다고 주장한다. 그리고 가해자와 관계 회복을 위해 열정을 갖는 것이라고 주장한다. 피해자에게 원한과 증오를 버려야 살 수 있다고, 용서 거부는 살인보다 더 심한 일이라고 피해자를 압박한다. 헨리 나우웬은 용서할 때 대가를 바라지 말라고 목에 힘을 준다. 또한 용서는 피해자가 자신 안의 악을 인정함으로써 타인의 악도 인정하는 것이라고 말한다.

'용서해야 잘 살 수 있다.'라는 주장 속에는 피해자가 용서에 대한 책임을 가졌다는 암시가 들어 있다. 피해자에게 용서에 대한 책임을 떠넘기는 이유는 피해자가 가해자보다 훨씬 설득하기 쉽고 다스리기 쉽기 때문이다. 권력은 강자보다 약자를 구슬리고 조종하는 방식으로 훨씬 잘 유지된다. 범죄 피해자에게 용서를 강요하는 이유는 가해자를 두둔하고 보호하여 기존의 권력체계를 유지하기 위해서이다. 피해자가 용서했다고 하면 가해자는 아무것도 바꾸지 않아도 된다. 가해자는 끔찍한 범죄를 되새길 필요도, 피해자의 관점을 헤아릴 필요도, 마음을 다 쏟아 공감할 필요도, 애가 타들어 가는 사죄를 할 필요도 없다. 법과 가해자는 돈 몇 푼으로도 피해자가 용서했다고 쉽게 지레짐작한다. 징역 몇 년 살면 범죄에 대한 대가를 충분히 치렀다고 여긴다.

용서가 아닌 것을 용서라고 착각하고 살면 피해자와 가해자는 둘 다 범죄의 구렁텅이에서 헤어 나오지 못한다. 피해자는 용서했다고 믿음에도 불구하고 여전히 고통스럽고 불안하고 혼란한 삶을 살아야 한다. 가해자는 유사한 상황에서 똑같은 성적 충동을 느끼고 범죄를 재생산한다. 용서가 용서답지 못하면 우리는 범죄의 쳇바퀴 속에서 저주스럽고 비참한 삶을 계속해서 살아야 한다.

2. 피해자들 간의 용서

우리는 용서를 거론할 때 피해자와 가해자의 구도로만 봐 왔다. 피해자가 가해자를 용서하면 사건이 일단락되었다고 여겨 왔다. 그러나 용서는 그리 간단한 구도로 형성되는 것이 아니다. 가해자, 피해자 간의 용서만큼 중요한 것이 피해자들 간의 용서다. 친족 성폭력 범죄는 범죄가 발생하는 장소가 가정이다. 가정은 피해자, 가해자 외에 다른 가족 구성원이 거주하는 공간이기도 하다. 가해자가 범죄의 흔적을 아무리 교묘하게 숨기더라도 다른 가족들은 이를 눈치채거나 의심할 수 있다. 또는 범죄 사실이 완전히 밀봉되어 있다가 범죄를 폭로하는 시점에서 보인 가족 구성원의 반응은 피해자와 그 삶에 지대한 영향을 미친다.

가해자가 피해자에게 범죄를 저지른다는 사실을 알고도 이를 은폐하거나 묵인할 때 피해자는 가족 구성원에게 말할 수 없는 배신감과 원한과 적개심, 분노 등을 느낄 수 있다. 자신의 고통을 알고도 모르는 체하는 가족들로 인해 피해자는 한층 짙은 고립감과 소외감, 이질감을 경험하기도 한다. 피해를 당하는 자와 방관하는 자 사이에는 가까워질 수 없는 미묘한 벽이 느껴지고 속마음을 털어놓기 힘들게 한다. 설령 이 모든 범죄 사실을 까맣게 몰랐다고 하더라도 폭로를 기점으로 가족의 기류는 변할 수밖에 없다. 가해자가 가족 구성원들과 밀접한 관계를 맺고 있었기 때문에 피해자와 그 주위의 가족들은 각기 다른 생각을 가지고 다른 대처방식을 택한다.

이런 경우 우리가 일반적으로 택하는 대처 방식은 시간이 가면 괜찮아지리라는 관념이다. 현재 당면한 고통의 크기와 충격이 너무 크기 때문에 서로에게 마음을 가라앉힐 시간을 주자는 무언의 합의를 한다. 친족 성범죄 사안은 너무나 복잡미묘하고 다루기 까다로워서 그 사건 자체를 마음 한구석으로 밀어놓고 다시 거론하기 꺼린다. 그렇게 시간이 한참 흐르면 다시 그 문제에 접근하기 더 어려워지고 가족 구성원 간에 보이지 않는 틈이 생기고 종내에는 관계의 단절을 초래하기도 한다. 심도 있게 다루어 해결해야 할 문제를 차일피일 미루기만 하니 방 안의 코끼리와 같은 사태가 벌어진다. 문제가 있는지는 알지만 주변으로 피해 다니며 서로 눈치만 보게 된다. 피해자가 이 문제를 다루고 싶다고 언질이나 단서를 주어도 가족들은 선뜻 나서지 못하거나 눈치채지 못한다. 시간이 지났으니 괜찮아졌을 거라는 생각을 애써 구겨 넣는다.

그러나 이는 서로의 마음에 앙금이 쌓이는 결과만 낳을 뿐이다. 피해자가 범죄를 당할 때 세심하게 알아차리고 보호하지 못한 것에 대해 잘못을 인정하고 그때 피해자는 어떤 마음이었는지 깊이 공감하기 전까지 관계의 개선은 이루어지지 않는다. 피해자가 가족 구성원에게 바란 것은 무엇이었는지, 지금은 무엇을 어떻게 하기 원하는지 마음을 열고 대화하는 기회를 가져야 한다. 각자의 입장과 상황에서 느꼈던 감정과 생각도 공유하면서 서로의 마음을 이해하고 수용하고 다독이는 시간을 가져야 한다. 이런 기회를 가져야 피해자들 간의 용서가 일어난다.

피해자들 간의 용서는 가해자를 제외한 가족 구성원들의 결속력과 연대감을 높인다. 범죄의 발생은 오로지 가해자의 책임이며 다른 가족 구성원은 피해자임을 명확하게 인지해야 한다. 피해자들이 현재 겪는 고통은 가해자가 범죄를 저지르지 않았다면 거치지 않아도 될 어려움이다. 피해의 책임을 가해자 외에 다른 가족에게 떠넘기는 행위는 관계 회복에 악영향을 미친다. 범죄의 책임은 오롯이 가해자에게 있지만 가족으로서 세심하게 돌보고 챙겨야 할 부분이 미흡했음은 인정해야 한다. 이런 인정은 서로를 신뢰하고 다시 연결되는 기회를 제공한다.

가해자가 처벌을 받고 가족 안에서 그 존재가 사라졌을 때 피해자는 가해자를 어떤 의미로 생각하는지도 깊이 나눠 보아야 한다. 피해자에게 가해자는 여러 가지 의미로 다가올 수 있다. 보호자인 동시에 공격자, 생존의 동아줄인 동시에 죽음과 암흑의 의미일 수 있고, 친절하고 따뜻한 동시에 차갑고 파괴적인 존재로 각인될 수 있다. 한 존재에 대해 이토록 복잡하고 혼란한 의미로 다가올 때 피해자는 사람을 판단하는 기준을 형성하기 어렵다. 이런 모든 의미에 관해 속마음을 나눌 수 있는 시간이 필요하다. 혼란한 마음은 언어로 표현될 때 정리되는 특징이 있다. 언어로 표현하기 힘들다면 그림을 그리거나 글을 쓰거나 감각에 집중하는 훈련도 도움이 된다.

용서는 어떤 사건이나 상황에 대해 핑계를 대거나 변명하거나 저항할 때 저 멀리 달아난다. 용서는 궁극적으로 마음의 평화와 안정을 얻기 위한 노력이라는 사실을 알아야 한다. 피해자가 자신의 감정과 생각을 말하거나 표현할 때 다른 가족 구성원은 이를 있는 그대로 수용하고 인정해야 한다. 수용과 인정은 피해자의 닫힌 마음을 열게 하고 상처를 조금씩 치유하게 한다. 이 과정은 단기간에 끝나지 않는다. 피해자가 범죄 피해의 희생양이 된 기간만큼 또 그 사실을 폭로하지 못하고 침묵한 기간만큼 오랜 시간이 걸릴 수 있다. 치유와 회복은 눈에 보이지 않을 정도로 미세하게 진행된다는 사실을 염두에 두어야 한다. 조금씩, 아주 조금씩 나아지고 있다는 확신을 가지고 끈질긴 인내와 믿음으로 피해자를 돌봐 주고 다독여 주고 기다려 주어야 한다. 범죄 피해로부터 벗어나려고 가장 필사적으로 애쓰고 있는 사람은 피해자임을 잊지 말아야 한다. 이런 사실을 망각하면 피해자에게 '언제까지 그 일로 우울해 있을 거냐?'라든가 '그만하면 됐으니 툭툭 털고 일어나라.'는 요구를 하며 2차 가해를 하기 십상이다.

신체에 입은 상처는 몇 주만 지나면 낫지만 마음에 입은 상처는 평생 갈 수 있음을 항상 명심해야 한다. 상처가 있으면 평범한 일상을 영위하기 어렵다. 다리가 부러진 사람은 걷거나 달릴 수 없듯이 마음에 깊은 상처가 있으면 자기 발목에 힘을 주고 일어서기도 힘겨워진다. 피해자에게 여전히 남아 있는 마음의 상처에 깊은 관심을 기울이고 세심하게 그의 말을 들어주고 피해자가 원하는 것을 채워 주려는 노력이 필요하다. 이 노력을 인내를 가지고 하다 보면 피해자와 또 다른 피해자들 간의 관계가 회복되고 서로를 향한 궁휼한 마음이 들고 용서가 자연스럽게 이루어진다.

용서는 때에 따라 말로 명시할 수도 있지만 대부분의 상황에서는 물 흐르듯 자연스럽게 일어난다. 상대방을 볼 때 불편하고 거리끼고 어색했던 감정이 풀리고 편안하고 친밀한 감정이 들 때 용서는 진행된다. 전에는 말하기가 거북하고 망설여졌다면 이제는 기꺼이 다가가 진솔하게 마음을 표현할 수 있다면 용서가 올바른 방향으로 가고 있다는 증거다. 용서가 완성되면 서로를 편안하고 고요한 마음으로 바라볼 수 있다.

피해자들 간의 용서가 중요한 이유는 함께 살아야 하기 때문이다. 서로의 존재가 껄끄럽고 불편하고 어색하고 때로 밉고 서운하고 싫은 마음이 들면 삶이 평화롭지도 행복하지도 않다. 마음에 풀리지 않은 응어리는 앞으로 나아가야 할 각자의 인생을 발목 잡는다. 불행의 줄이 얽히고설킨 피해자들은 그 불행의 시초가 무엇인지도 알지 못하고 서로를 적대시하며 마음의 벽을 쌓는다. 마음의 벽은 피해자가 또 다른 가해자가 되는 사슬에 묶이게 한다. 마음의 벽은 상대방의 감정과 생각을 공감하지도 존중하지도 못하게 하기 때문이다. 상대방을 공감하고 존중하지 못하면 최초의 가해자처럼 자기 욕심을 채우기 위해 악랄한 수단을 쓰게 된다. 내가 편해지려고 피해자를 채근하거나 사회적 시선 때문에 사건 자체를 은폐하거나 거론하기 힘들게 하여 범죄가 재생산되는 데 일조하게 한다.

3. 자신에 대한 용서

성범죄의 특성상 피해자는 자신에 대한 죄책감과 수치심을 과도하게 느낀다. 가해자가 피해자의 몸을 유린하기 위해 혀로 성기를 핥거나 동영상 또는 다른 기구를 이용하여 피해자의 몸이 반응하도록 만드는 경우가 많다. 이 경우 피해자는 성적인 반응을 보이는 자기 몸에 대해 혐오감을 느끼고 스스로를 자책하게 된다. 이런 혐오감, 자책감, 수치심 등이 범죄에 대해 더욱 침묵하게 하는 요인으로 작용한다.

겨드랑이를 간질이면 웃음이 터져 나오고 지진이 나면 몸이 흔들리는 것처럼 성범죄 시 보인 성적인 반응은 살아 있는 몸을 가진 사람이라면 당연하게 나타나는 현상이다. 이런 성적인 반응이 가해자의 성범죄 행위에 동의했다거나 소위 말하는 색을 밝히는 여자를 뜻하는 것은 아니다. 몸이 성적인 반응을 보이지 않았다면 가해자가 범죄를 저지를 때마다 피해자의 질이나 성기 부분이 찢어지고 그때마다 고통이 극심했을 것이다. 몸은 범죄 행위라도 이런 반응을 보여 자기 신체를 보호하려고 했을 뿐이다. 이는 공이 얼굴로 날아오면 손으로 막는 것과 같은 본능적 반응이다.

가해자는 피해자가 성적인 반응을 보일 때 '너도 즐기고 있네.' 또는 '넌 그렇고 그런 여자야.'라는 암시를 주거나 언어폭력을 가하면서 피해자의 심적 상태를 철저히 묵살한다. 피해자는 범죄가 발생하는 동안 공포와 충격과 불안을 느끼면서 죽고 싶다는 또는 사라졌으면 좋겠다는 마음이 간절하다. 누군가 이 범죄의 끈을 끊고 자신을 구해 주었으면 좋겠다는 간절한 마음을 품기도 한다. 이미 몸과 마음이 분리되어 해리 상태에 머물기도 한다. 범죄 행위가 끝났을 때 치밀어 오르는 분노와 억울함과 고립감, 소외감, 절망감, 굴욕감, 파멸감, 적개심, 복수심 등을 느낄 수 있다.

그러나 가해자와 사회와 법은 피해자의 마음 상태에는 전혀 관심이 없고 몸이 어떻게 반응했는지에 주목한다. 피해자가 살아남기 위해 발동된 본능적 생존 전략들이 범죄의 심각성을 희석하고 축소하는 요인으로 작용한다. 게다가 더 심각한 것은 사회와 법과 가해자의 이런 관념을 피해자가 아무런 여과 없이 고스란히 내면화한다는 데 있다. 이런 왜곡되고 편협한 인식을 내면화한 피해자는 자기 몸을 좋아할 수 없다. 자기 신체가 그런 반응을 보였으니 할 수 있는 일이라고는 성매매나 몸을 도구로 이용하는 직업만을 택할 수 있다고 생각한다. 실제로 일제 강점기 당시 일본군 성노예로 납치되었다가 살아 돌아온 여성들에게 사람들은 '화냥년'이라 손가락질했다. 이 여성들은 사람들이 손가락으로 가리키는 방향으로 가서 생계를 연명할 수밖에 없었다. (Norma, 2020)

자기 신체를 혐오하는 사람은 사람들 앞에 나서는 자체가 힘들다. 자기 몸에 대해 사람들이 수군거리는 것 같고 더러워진 상태를 간파당하는 것처럼 느낀다. 자신은 아무 말도 하지 않았지만 사람들이 자신에 대해 모든 것을 알고 있을 것이라는 착각에 빠지기도 한다. 이런 생각이 들면 스스로 위축되고 움츠러든다. 당당하게 가슴을 펴고 행동하지 못한다. 자신을 온전히 용서하기 전까지 자신의 가치를 폄하하게 된다. 자신에 대한 용서는 잘못이나 죄를 뉘우치라는 뜻이 아니다. 자신이 범죄 현장에서 보인 성적 반응과 행동들은 생존하기 위해 반드시 구사해야 했던 보호 전략이었음을 온전히 인식하는 데서 자신에 대한 용서가 시작된다.

가해자가 범죄를 저지르지 않았다면 피해자는 원초적인 보호 전략을 쓸 필요도 없었다. 이 생존 전략 때문에 부끄러워하거나 자책할 필요는 없다. 오히려 몸이 자신을 보호해 준 것에 대해 감사해야 한다. 몸에 대해 감사하는 마음이 생기면 몸을 다른 관점으로 볼 수 있다. 몸은 마음과 다를지라도 신체를 보호하기 위해 체계적으로 일하는 조직이다. 장기, 조직, 뼈, 신경, 뇌, 세포, 근육, 성기, 팔다리, 목, 등, 허리, 가슴, 엉덩이, 허벅지, 종아리 등으로 조합된 이 하나의 완전한 조직체는 우리 각자를 보호하고 지키기 위해 긴밀하게 연락하고 판단하고 움직인다. 신체의 이런 치밀한 움직임이 없었다면 우리는 어떤 상황에서도 살아남지 못했을 것이다. 자신을 보호해 주고 결국 살아남게 해 준 신체에 고마움을 느껴 보자. 이 고마움은 몸을 소중하고 아름답고 사랑스러운 것으로 인식하게 하는 중요한 열쇠다. 우리는 가치 있는 것에 대해 감사함을 느낀다. 자신의 몸이 무엇보다 가치 있음을 인식하면 몸을 함부로 다룰 수 없다. 몸이 좋아하는 것을 주고 몸이 원하는 것을 하고 싶어 한다. 이때가 되면 몸과 마음을 연결하는 작업이 필요하다. 몸과 마음이 동일한 것을 원하고 이 일을 할 때 우리는 평온함을 느낀다. 몸과 마음이 분리되거나 양쪽으로 찢기는 듯한 감정은 혼란, 절망감, 무기력감, 무망감, 무가치감 등을 준다. 몸과 마음이 합치되어야 가야 할 올바른 방향으로 가고 있다는 느낌이 든다.

마음은 원했지만 몸이 하지 못한 것, 반대로 몸은 원하지만 마음이 따르지 못했던 것은 무엇이었는지 몸과 마음에 고요히 귀를 기울이는 시간을 가져 보도록 한다. 어떤 마음이 들 때 자기 몸의 감각이 어떻게 변하고 느끼는지 깊은 관심을 가져야 한다. 몸과 마음은 관심과 애정을 주는 만큼 지금까지 알지 못했던 내밀하고 신기한 사실들을 알려 준다. 자기 신체와 내면에 호기심과 관심을 가질수록 우리는 스스로를 존중하고 더 좋아하게 된다. 자기 모습을 온전히 인식하고 받아들일 때 우리는 평화롭고 고요한 눈으로 우리 마음과 몸을 바라볼 수 있다. 스스로를 용서하면 자신에 대해 긍휼하고 자비로운 마음을 가진다. 어린 시절에 범죄의 희생양이 될 수밖에 없었던 자신을 온전히 보듬어 안을 수 있다. 그리고 그 범죄 이후 자신이 선택한 모든 결정에 대해 자비로운 마음으로 이해하고 수용하게 된다. 자신에 대한 용서를 이루어 낸 사람은 타인도 관대하고 온유한 마음으로 바라볼 수 있다.

4. 환경에 대한 용서

성범죄는 그 사회의 이념, 제도, 문화, 법, 전통 등에 의해 은폐되고 축소되고 희석되고 희화화되는 경향이 있다. 남성중심주의 이념은 피해자를 성범죄에서 보호하고 지켜주기는커녕 더 깊은 침묵 속으로 몰아넣고 폭로하더라도 2차 가해를 한다. 근친 성폭력을 판타지화하는 강간문화, 범죄에서 성적 요소를 부각해 피해의 근거를 마련하는 법과 제도, 성범죄의 원인과 책임을 피해자에게 떠넘기는 사회적 인식과 삽입 여부로 여성의 몸을 터부시하는 오랜 전통. 우리를 둘러싼 환경은 성범죄를 양산하기에 최적의 온실이다. 성범죄가 발생하면 환경은 가해자 편에 서서 범죄의 심각성을 축소하여 최대한 약한 처벌을 하기 바쁘다. 사회의 이런 치우치고 삐뚤어진 잣대는 너무나 오래되어 소수의 눈에만 보일 뿐 대다수는 오랫동안 굳고 뒤틀린 틀 속에서 성범죄를 바라보고 판단한다.

우리를 둘러싼 환경이 어떤 체계와 작동 원리로 성범죄를 다루는지 간파할 수 있는 능력이 있어야 한다. 환경에 대한 용서는 기존의 통념, 제도, 법, 전통, 문화에 굴복하고 맹종하라는 것이 아니다. 환경이 성범죄를 어떤 방식으로 재생산, 강화, 조장하는지 간파하고 그 뿌리를 잘라내는 노력을 할 때 용서가 진행됨을 말하는 것이다. 그 작동체계의 근간을 간파하지 못하면 계속해서 기존체계의 희생양이 되어야 한다. 우리는 근친 성폭력, 아내강간, 데이트폭력, 사이버 성폭력, 스토킹, 가스라이팅, 부녀 유괴·납치·감금, 동반자살 등에 관해 어떻게 인식하고 있는가?

남성이 여성에게 저지르는 범죄는 남성이 동성에게 저지르는 범죄보다 그 심각성과 위해성을 매우 축소하여 생각한다. 특히 가정이라는 조직 안에서 발생하는 범죄는 남성에게 전권을 부여하여 가족의 생명까지도 좌지우지할 수 있도록 했다. 아버지가 다른 가족들을 죽이고 자살하면 '동반자살'이라는 단어를 갖다 붙인다. 남성이 좋아하는 여성을 유괴하고 납치하면 '보쌈'이란 단어를 쓰고, 심리적으로 지배하여 여성의 전 인생을 파괴해도 '호감' 때문이라 너그럽게 평가한다. 지극히 불균형한 지위와 권력 안에서 벌어지는 무지막지한 (성)폭력도 '부부싸움'이나 '다툼' 정도로 축소하고, 아버지가 딸을 성폭행해도 가정사는 가정에서 해결해야 한다는 입장을 취한다. 남성이 여성에게 저지르는 범죄를 타인이나 다른 남성에게 저질렀다면 범죄의 처벌 수위는 엄청나게 높아졌을 것이다.

성을 매개로 하는 범죄에 대해 이 사회는 왜 이토록 관대하고 너그러운가? 남성의 입장에서 모든 성범죄를 해석했기 때문이다. 피해자의 입장은 법과 제도를 제정하는 데 충분히 반영되지 않았다. 환경이 바뀌려면 피해자의 소리가 또렷이 들려야 한다. 환경 중에 무엇이 부당하고 불의한지를 간파해야 목소리를 낼 수 있다. 기존의 환경은 피해자(약자)가 소리를 내려고 하면 온갖 수단과 방법을 동원해 피해자를 억눌렀다. 아무 소리도 내지 못하게 촘촘하게 규제하고 억압했다. 기존 체계가 유지되어야 남성이 구가하던 권력을 계속해서 영위할 수 있기 때문이다. 그러나 이 환경의 유해성은 비단 여성에게만 국한되지는 않는다. 누구라도 약자가 되면 이 권력의 부당함과 부조리와 불의와 부패 앞에서 인생이 찢기는 수모와 고통을 당해야 한다.

국가는 처벌권을 독점하고도 피해자의 생명과 안전과 행복을 보장해 주지 못했다. 가해자의 재범도 막지 못했다. 국가는 무엇을 어떻게 바꿔야 모든 사람이 안전하고 평화롭게 살 수 있는지 피해자의 목소리를 듣는 것부터 시행해야 한다. 이 목소리를 듣는 것은 환경의 부패와 부당함을 교정하는 첫 번째 발걸음이다. 환경에 대한 용서는 제도, 법, 전통, 통념의 오류를 인식하고 고쳐 나가려는 노력에서 시작된다. 성범죄에 대한 인식의 변화가 생기고 성범죄로 인해 고통받는 사람이 한 사람도 발생하지 않을 때 환경에 대한 용서는 완성된다. 성범죄를 뿌리 뽑을 수 없다는 인식부터 갈아엎어야 한다. 누구든 성범죄 피해자가 될 수 있다. 내가 가장 사랑하는 사람도 올바른 제도와 법과 문화가 정립되지 않으면 언제든 피해를 입고 절망하고 암흑의 나락으로 추락할 수 있다. 이를 막는 것이 환경이 할 일이다.

환경에 대한 용서를 이루려면 의식 있는 사람들 간의 연대가 필요하다. 피해자들과의 연합이 절실하다. 권력자들은 투표권을 가진 사람들의 모임을 가장 두려워한다. 피해자들의 모임은 목소리를 통합하고 더 나은 목소리를 내게 하는 최소한의 보호 장치다. 이 모임은 피해자들에게 권리를 찾아 주고 소속감을 느끼게 하고 연합의 능력을 경험하게 한다. 이런 모임을 통해 피해자들은 법과 제도, 문화, 통념을 바로잡는 데 일조한다. 정의를 실현하는 것은 환경을 용서하는 최상의 방법이다.

5. 사람의 용서 = 하늘의 용서

> 너희가 사람의 과실을 용서하면 너희 천부께서도 너의 과실을 용서하시려니와 너희가 사람의 과실을 용서하지 아니하면 너희 아버지께서도 너희 과실을 용서하지 아니하시리라(마태복음 6:14, 15).

우리가 이토록 까다롭고 지난한 용서의 과정을 거쳐야 하는 이유는 사람의 용서가 하늘의 용서와 직결되기 때문이다. 사람은 누구든 잘못을 하고 실수를 한다. 내가 상대방을 용서하지 않으면 나는 하늘의 용서를 얻지 못한다. 하늘의 용서가 중요한 이유는 궁극적인 내면의 평화와 안식이 하늘로부터 오기 때문이다. 그러나 하늘의 용서가 이루어지려면 사람 간의 용서가 반드시 선행되어야 한다.

인생에서 내면의 평화와 안식이 반드시 필요한 이유는 이것이 관점의 확장과 인격적 성장을 이루는 원동력이기 때문이다. 용서는 가해자에게 피해자의 관점에서 이해하고 공감하게 하고, 피해자에게 자신의 인생을 보는 전체적인 안목을 제공한다. 자신 안에 갇힌 협소하고 편중된 관점이 용서의 과정을 거치면서 넓어지고 깊어지고 커진다. 관점이 확장된다는 것은 땅에서 바라보던 사람이 하늘에서 내려다보는 사람으로 변화되는 것과 같다. 땅에서 보면 어디로 가야 올바른 방향인지, 아니 동서남북이 어디인지도 잘 알지 못한다. 그러나 하늘에서 보면 어디가 강이고 바다고 마을이고 들판인지가 훤히 보인다. 어느 길이 가장 안전하고 아름다운지, 그 길을 어떻게 가야 하는지가 명확히 눈에 들어온다.

이 관점의 확장은 인격적인 성장을 이루는 데 초석이 된다. 자신이 가야 할 방향을 명확하게 아는 사람은 주저하거나 걱정하거나 망설일 필요가 없다. 인격적 성장은 올바른 방향으로 한 걸음 한 걸음 내딛는 시도와 도전이 있어야 실현 가능하다. 도전하고 시도하려면 내면의 평화와 안전에 대한 확신이 강하게 자리 잡아야 한다. 세상이 믿을 만하지 않고 사방에 위험이 도사린다고 생각하면 머리조차 들기 힘들다.

우리가 서로를 용서할 때 하늘은 내면의 평화와 안전과 고요함을 허락해 준다. 하늘로부터 오는 이런 궁극적인 선물이 없다면 우리는 불안하고 두려워 살 수가 없다. 지금 자신의 마음이 원인 모를 두려움과 불안을 느낀다면 용서의 문제를 깊이 생각해 보아야 한다. 하늘은 우리에게 궁극적인 평온과 안식을 주기 위해 우리가 진정한 용서를 이 땅에서 이루며 살기 원한다. 우리 마음에 아직 폭로하지 못한 범죄 사실들이 있는지 살펴야 하며, 폭로한 후에는 용서의 어느 단계에 머물러 있는지 탐색해야 한다. 용서의 모든 단계가 완성되어야 우리는 평화롭고 고요한 마음으로 살 수 있다.

사람의 용서가 하늘의 용서와 직결되어 있음을 알면 살아 있는 동안에 용서를 이루기 위해 애를 쓴다. 하늘의 용서는 우리가 살아 있는 동안에만 얻을 수 있다. 사람 간의 용서가 완전하게 이루어져야 나 자신의 잘못도 용서받는다. 이는 우리 각자는 자신의 잘못과 죄를 사할 능력이 없음을 의미한다. 우리는 자신의 잘못에는 관대하고 타인의 잘못에는 엄격하지만 스스로 자기 죄를 없애지는 못한다. 죄와 잘못을 없애려면 반드시 하늘의 허락이 있어야 한다. 하늘의 용서를 받으려면 사람 간의 용서가 선행되어야 한다.

　오늘날 엄청난 범죄가 재생산되고 테러와 분쟁과 전쟁이 범람하는 이유는 사람 간의 용서가 온전히 이루어진 적이 거의 없기 때문이다. 용서가 제대로 이루어졌다면 세상은 평화로 가득 찼을 것이다. 세상은 사람들의 마음이 투사된 공간이다. 우리 마음이 혐오와 차별과 멸시와 탐욕과 적개심과 분노와 시기심과 음란함으로 가득하기 때문에 세상도 그와 동일한 공간이 된 것이다. 범죄와 잘못을 없애려면 용서가 이루어져야 하는데 우리는 용서가 무엇인지 그 개념조차 명확히 알지 못하고 또 용서를 어떻게 해야 하는지 깊이 탐구하지 않았다. 용서가 없기 때문에 마음은 점점 더 각박해지고 날카로워지고 오염되고 더러워졌다. 용서의 부재로 세상은 점점 더 흉악한 전쟁터가 되어 간다.

　우리가 사는 세상에서 궁극적인 평화가 존재하는 곳은 어디인가? 외무적, 물리적 공간을 평화롭게 만들려고 노력하는 것보다 내면의 평화를 먼저 이루는 것이 세상을 바꾸는 가장 빠른 길이다. 용서를 완성하여 얻은 내면의 평화는 누구도 파괴하거나 훔치거나 빼앗을 수 없다. 내면의 평화는 하늘로부터 허락된 것이기 때문에 세상 것으로는 어찌할 수 없다. 이 궁극적인 평화와 안식을 획득한 사람은 인생에서 용서가 얼마나 중요한지 알고 용서의 지난한 과정을 견디는 것을 두려워하거나 귀찮아하지 않는다. 그 과정을 어떻게 다 감내할 수 있냐며 저항하거나 한탄하거나 거부하지 않는다.

용서의 한 단계 한 단계가 끔찍하게 힘겹고 어려워도 용서가 완성되면 말할 수 없는 평화와 안식이 옴을 알기에 그 과정을 기꺼이 맞아들이고 묵묵히 한 걸음씩 걷는다. 용서하지 않으면 엄청난 두려움과 불안과 분노와 절망감 속에 살아야 함을 알기에 용서하기 위해 안간힘을 쓴다. 하늘은 우리가 서로를 용서하려고 애쓰고 힘쓰는 모든 과정을 내려다본다. 각 단계에 따라 가해자, 피해자, 피해자를 둘러싼 모든 사람에게 적절한 마음을 허락한다. 그 마음을 받아 순응하여 용서를 온전히 이루는 사람만이 하늘이 주는 선물을 받을 수 있다.

6. 가해자가 용서의 단계를 거치지 않으려 할 때 각자가 써야 할 용서의 페이지

용서의 과정은 쉽지 않다. 악순환을 끊어 내려는 엄청난 결단으로 폭로를 하고, 과거의 사건들을 냉철하게 반추하고 가해자가 피해자의 마음을 헤아리고 공감하고 사죄하고 보상하고 피해자의 용서에 다다르는 일련의 과정은 시간도 오래 걸릴 뿐 아니라 한 단계 한 단계가 고통스럽다. 이런 시간과 고통을 오롯이 견디내야 우리는 완전한 용서를 이루게 되고 같은 범죄가 재생되지 않는 평화롭고 안전한 공간에서 살게 된다.

그렇다면 가해자가 이 과정을 거치지 않으려 할 때는 어떻게 해야 하는가? 용서는 피해자와 가해자의 능동적 노력이 결합될 때 완성된다. 피해자가 폭로를 했지만 가해자가 성찰과 반성을 거부한다면 용서는 영영 이루어질 수 없는 것인가?

용서는 피해자의 폭로와 가해자의 노력으로 이루어진다. 각자가 해야 할 일이 있다. 피해자는 폭로를 해야 하고 가해자는 반추, 헤아림, 공감, 사죄를 하고 처벌을 받고 보상을 해야 한다. 각자 할 일을 한 만큼 용서가 주는 선물을 얻을 수 있다. 용서가 주는 선물은 평화와 안식이다. 피해자는 자신의 전 인생을 걸고 폭로한다. 가해자와 사회는 그냥 덮어두라고, 지금 와서 굳이 꺼내면 무슨 소용이 있겠냐고, 사실을 폭로한 그 이후의 후폭풍을 어떻게 삼낭하려 하냐고 피해자를 끊임없이 압박하고 침묵하게 만든다. 그러나 용기 있는 피해자는 마침내 범죄 사실을 만천하에 공개한다. 피해자는 수년에서 수십 년 동안 감춰 놓았던 성범죄를 오랜 고뇌 끝에 폭로한다. 피해자가 그동안 겪은 엄청난 피해를 감안하면 가해자의 용서에 대한 단계별 노력은 새 발의 피에 지나지 않는다. 피해자가 생존을 걸고 고군분투할 동안 가해자는 별 죄의식 없이 편하게 살았을 것이다. 가해자가 자신이 저지른 일에 일말의 죄책감이라도 가지고 피해자에게 미안해하는 기색이라도 보였다면 피해자는 사실을 폭로하지 않았을지도 모른다.

피해자는 이 엄청난 범죄 사실을 폭로한 것만 해도 용서의 10분의 9를 이룬 것이다. 피해자는 폭로를 함으로써 용서에 대한 자기 몫을 온전히 감당했다. 폭로를 하는 동시에 피해자는 가해자의 심리적 속박과 사회적 억압에서 탈피한다. 여전히 물리적으로 감금되고 압제된 상태라도 폭로를 통해 이런 상황은 종결지을 수 있다. 폭로는 범죄를 범죄라고 명명백백히 밝히는 선언문이다. 자신에게 일어난 일이 범죄임을 밝히는 선언은 그동안 모호하고 혼란했던 과거에 종지부를 찍는 역사적 행동이다. 자신의 인생에서 일어났던 일을 명백히 규정해야 우리는 그 이후의 일을 대처할 수 있다.

가해자의 행위가 범죄임을 규정해야 지금까지 피해자가 가졌던 자책감, 수치심, 굴욕감, 무력감, 우울감 등을 청산할 수 있다. 그리고 당당하게 범죄에 대한 처벌을 요구할 수 있다. 폭로는 용서의 첫 단계이며 그래서 중요하고 그 비율이 다른 단계에 비해 엄청나게 크다. 폭로가 없으면 용서도 없기 때문이다. 가해자와 사회에 범죄 사실을 폭로하지 않고 '착하고 선한' 마음으로 어물쩍 넘어가는 것은 용서와 거리가 멀다. 이는 범죄는 재생산시키는 비겁하고 어리석은 마음일 뿐이다.

피해자는 폭로를 통해 용서를 이루는 데 해야 할 일을 모두 실행했다. 피해자가 폭로를 하면 그다음 단계는 가해자에게로 넘어가지만 가해자의 행동 여부로 인해 피해자가 좌지우지될 필요는 없다. 폭로 이후 용서의 페이지를 어떻게 써 내려갈지는 가해자에게 달려 있지만 이 페이지는 피해자의 인생과는 구별되어야 한다. 가해자의 반응과는 별개로 피해자는 자신의 치유와 회복을 위해 힘써야 한다. 폭로를 했다고 모든 상처가 아물고 평화가 곧 찾아오지는 않는다. 폭로는 더 이상 과거의 악몽에 휘둘리지 않겠다는 굳은 의지이자 결단이다. 폭로를 한 이후에 더 큰 회오리바람 속으로 빠져들어 갈 수도 있다.

이성애, 남성 중심 사회는 성범죄를 부인하고 피해자의 진술을 의심하고 폭로 의도를 왜곡한다. 그렇다 해도 폭로는 피해자에게 과거의 사슬을 끊을 기회를 제공한다. 말하지 못했던 것들에 이름 붙여 주는 행동은 통제감과 자존감을 회복하는 데 큰 역할을 한다. 말할 수 있는 권리를 되찾는 것은 침묵에 동조하던 과거의 방식을 버리고 새로운 방식으로 살겠다는 선포다. 누구에게 들킬까 봐, 누가 흉을 볼까 봐 숨겨두었던 범죄 사실들을 자발적으로 폭로하면 인생의 주도권이 타인에게서 자신에게로 돌아오는 경험을 한다. 인생의 주도권을 되찾았을 때 비로소 과거의 상처를 털어 내고 치유와 회복을 위해 자신만의 인생을 살아갈 수 있다.

5장

치유와 회복

용서가 온전히 이루어졌든 아니면 용서의 과정에 있든 피해자는 폭로를 통해 생존자의 삶을 살기로 선택했다. 생존은 생명을 유지하고 존속함을 의미한다. 생존자는 과거를 통합하고 현재와 미래를 사는 사람이다. 피해자가 어린 시절 범죄의 고통 속에서 살아남기 위해 사용했던 생존 전략은 성인이 된 이후에는 유효하지도 효과적이지도 않다. 피해자가 생존자로 살아가려면 먼저 자아상을 회복해야 한다.

자아상 회복하기

① 타인의 방해를 받지 않는 공간(혼자만의 방)에 편안한 자세로 앉는다.
② 마음속에 하나의 공간을 떠올리고 자신을 그 공간에 위치시킨다.
③ 자신이 어떤 모습으로 떠오르는지 가만히 바라본다.
④ 자신의 모습을 글로 묘사하거나 그림으로 그린다.
⑤ 자신의 모습과 현재 신체의 감각이 어떻게 연결되는지 알아차려 본다.
⑥ 몸이 자신에게 하는 말에 귀 기울여 보고 기록한다.
⑦ 어떤 감정이 올라오는지 고요한 마음으로 지켜본다.
⑧ 그 감정이 신체의 어느 부분에서 느껴지는지 알아차린다.
⑨ 그 감정에 조금 더 머물러보면서 떠오르는 이미지와 생각에

집중해 본다.
⑩ 처음 떠올렸던 자신의 모습이 어떻게 변화했는지 알아차리고 기록한다.

　이 과정을 진행할 때 모든 인식에 대한 판단은 내려놓아야 한다. 감정을 부정적이거나 긍정적인 것으로 구분하거나 옳다 그르다 또는 좋다 나쁘다로 규정하려는 시도는 자아상을 회복하는 데 전혀 도움이 되지 않는다. 감정은 사회적인 기준이나 잣대로 평가할 수 있는 것이 아니다. 감정은 살아 있는 사람이면 누구든 느껴야 하는 것이다. 감정은 현재 우리가 어떤 상황에 처했음을 알려 주는 역할을 한다. 어떤 상황에서 슬픈지, 두려운지, 기쁜지, 우울한지, 행복한지, 즐거운지, 화가 나는지를 느껴야 우리는 상황에 적절한 대처를 할 수 있다. 감정은 알아차리고 인정하고 수용하고 탐색해야 하는 것이지 좋다 나쁘다로 판단할 수 없다.
　근친 성폭력 피해자들은 오랫동안 자신이 느끼고 생각하는 것을 억압당하고 부인당하고 왜곡당해 왔기 때문에 스스로 무엇을 느끼고 생각하는지 알아차리는 능력이 결여되어 있다. 자신이 무엇을 느끼고 생각하는지 알아야 성범죄가 발생하기 전 본연의 고귀하고 아름답고 찬란한 자아상에 근접할 수 있다. 우리의 자아상은 타인이나 어떤 권력에 의해서 변형되는 것이 아니다. 자아상은 온전하고 굳건한 모습으로 항상 그 자리에 있다. 이 모습을 찾지 못하고 세상이 세뇌한 왜곡된 모습이 자신이라고 착각하기 때문에 자신의 가치를 인정하지 못하는 것이다. 이 자아상을 회복하려면 고요한 마음과 긍휼의 마음이 필요하다. 고요하게 자신을 긍휼히 볼 수 있는 마음은 가려졌던 눈을 뜨게 하고 처음부터 간직했던 자신의 모습을 되찾게 한다. 이 훈련을 거듭할수록 사회와 타인이 덧씌웠던 거짓된 자아를 벗고 참 자아, 진짜 자신의 모습을 회복하게 된다.

또 아무런 감정이 올라오지 않거나 아무 생각이 들지 않아도 당황할 필요가 없다. 억지로 감정을 짜내거나 만들어 내지 않는다. 어떤 상황에서 어떤 감정을 느끼는지는 지극히 주관적인 것이다. 어떤 상황에서 사회와 타인이 기대하는 특정 감정이 느껴지지 않아도 조급해하지 말고 느긋하고 여유로운 마음으로 자신을 바라보아야 한다. 자신의 감정과 생각, 신체가 어떤 상태여도 그럴 수 있다고 그래도 괜찮다고 스스로를 다독여 주어야 한다.

1. 과거를 스토리텔링하기

자아상을 회복하기 위해 수행했던 연습의 목적은 자신에게 오롯이 집중하고 몸과 마음에 어떤 일이 일어나는지 알아차리는 것이다. 이 연습을 마치면 자신의 모습을 글이나 글로 표현하고 신체 감각과 신체가 내는 목소리를 기록하고 감정과 생각, 이미지의 변화를 알아차린 후 기록한 내용이 중요한 자료로 남는다. 이 자료는 그 자체로도 매우 가치 있지만 이 자료를 토대로 가장 믿을 만한 사람과 마음을 나눌 때 더 큰 효과를 발휘한다. 믿을 만한 사람은 어떤 판단이나 평가 없이 자신의 이야기를 온전히 들어줄 사람을 의미한다. 속마음을 털어놓으려면 안전감과 신뢰감이 바탕이 되어야 한다. 내 이야기를 있는 그대로 경청하고 수용하고 타당화해 줄 수 있는 사람, 나의 말을 부인하거나 왜곡하거나 축소하지 않는 사람, 섣불리 충고하거나 조언하지 않는 사람, 손쉬운 해결책을 제시하지 않는 사람을 만나 자아상에 관한 이야기를 나누는 시간이 필요하다.

자아상에 대한 대화가 원만하게 잘 진행되면 생존자는 과거를 스토리텔링할 준비를 한다. 생존자가 바라보는 인생 전체를 이야기화하는 것이다. 가장 어린 시절의 기억부터 행복했던 일, 기뻤던 일, 슬펐던 일, 황당하고 억울했던 일, 고통스러웠던 일, 고마웠던 순간, 인생에서 큰 깨달음을 얻었던 사건 등을 시간의 순서대로 일목요연하게 말해 본다. 우리는 같은 사건을 겪어도 그 일을 묘사하는 방식이 모두 다르다. 자신의 방식대로 인생을 파노라마처럼 쭉 이야기하다 보면 어떤 사건이나 사고가 인생의 전체가 아닌 부분임을 인식하고 이를 말로 표현하게 된다. 이 작업은 인생을 하나의 큰 그림으로 통합하여 바라보는 데 많은 도움이 된다. 인생의 퍼즐은 균일한 조각으로 이루어져 있지만 자신이 아주 작은 퍼즐 몇 개에 심각하게 집착하고 과도하게 초점을 맞추고 있었음을 알게 한다. 그리고 그려야 할 퍼즐 조각이 아직도 많이 있음을 인지하게 한다.

이는 자서전을 쓰는 것과 유사한 효과를 지닌다. 자서전은 한 사람의 인생을 연대에 따라 기록한 글이다. 인생은 몇 가지 큰 사건이나 상황들로 이루어지는 것이 아니다. 매매일이 모여 인생이라는 큰 강을 이룬다. 하루하루의 시간이 쌓여 오늘이 된다. 하나하나의 과거가 모여 현재가 되고 미래가 된다. 스토리텔링을 통해 이 사실을 깊이 깨달으면 과거는 인생의 한 부분이었음을 인정하고 오늘을 어떻게 살지 고민하게 된다. 오늘 이 시간이 모여서 내일이 됨을 알면 새로운 방식으로 인생을 살 의지와 결단을 하게 된다.

스토리텔링은 유사한 경험을 한 사람들과 함께 해도 좋다. 유사한 경험을 했지만 생존자 각자는 다른 방식으로 다른 인생을 살아왔다. 삶의 중요한 기로에서 어떤 선택을 어떻게 하게 되었는지, 그 선택의 결과가 무엇인지 함께 나누면 서로에게 배울 점을 찾게 된다. 이렇게 함께 나누는 시간을 갖는 것만 해도 엄청난 마음의 위안을 얻고 천군만마를 얻은 듯 든든하다. 연대하면 더 빨리 일어나서 걷고 뛸 수 있다. 자신의 인생이 보편성을 가진다는 사실을 알게 되면 위축되고 경직된 마음을 회복하는 데 박차를 가할 수 있다.

2. 냉담한 마음 녹여내기

냉담은 충격적인 사건을 반복적으로 겪으면 시간이 지나면서 마음 저변에 깔리는 심리 상태다. 냉담함이 자리를 차지하면 감정이나 감각이 잘 느껴지지 않고 마음이 싸늘히 식는다. 생각을 할 때도 명료하고 일관적이거나 합리적으로 하는 데 어려움이 있다. 이는 강제수용소에 감금된 유태인들에게 보편적으로 나타나는 현상이었다. 그들은 자신에게 닥친 상황에 대해 처음에는 경악하다가 점차 냉담해졌다. 감정을 느끼면 살 수 없기 때문에 모든 감정의 창을 닫는다. 옆에서 사람이 죽어 나가도 눈 하나 깜빡이지 않는 상태, 마음이 싸늘하게 식어 아무런 감정이 올라오지 않는 상태가 된다.

근친 성범죄 피해자들은 충격적인 사건을 반복, 지속적으로 겪었기 때문에 마음이 냉담해지는 경우가 흔하다. 마음이 냉담해지면 사람을 대할 때 내면에 초점을 맞추기보다 외적인 조건에 지나치게 집착하게 되고 계산적인 성향을 보인다. 또 근거 없거나 위험한 정보에 쉽게 현혹되는 특징도 보인다. 감정이 느껴지지 않기 때문에 대인관계를 형성하는 데 큰 문제를 초래하기도 한다. 어떤 사람의 장점과 강점을 비하하거나 폄훼하기도 하고 어떤 대상에게 지나친 경쟁의식을 느끼며 과도하게 자신을 몰아가기도 한다. 아주 작은 촉발 요인에 분노를 폭발하기도 하고 상황이 조금만 어려워져도 쉽게 포기하는 경향도 보인다. 자신의 마음대로 일이 풀리지 않을 때나 형편이 어려워지면 남 탓을 하거나 환경 탓을 하며 자신의 책임을 등한시하는 경우도 있다. 이는 어린 시절에 범죄에서 벗어나려고 나름대로 생존 전략을 구사했으나 결국 모든 방법이 실패로 끝나고 좌절을 반복적으로 경험했기 때문에 생겨난 마음 상태이며 삶의 태도이다.

냉담은 자주 열등감으로 오인되기도 한다. 열등감은 타인과 비교해서 자신의 가치가 낮다고 여기는 마음이다. 열등감은 때로 개인의 성장과 발전에 도움이 되기도 하지만 냉담은 얼어붙은 마음이기 때문에 어려운 일에 도전하거나 극복하는 데 전혀 도움이 되지 않는다. 냉담한 마음은 자기를 비하하고 타인의 가치를 훼손하고 평가절하한다. 인간 존재에 대한 존중이나 배려, 공감을 어렵게 하는 것이 냉담이다. 근친 성범죄 피해자들은 마음속에 냉담이 존재함을 인식해야 한다.

자아상을 회복하는 연습을 할 때 아무런 감정이나 생각이 떠오르지 않고 신체감각이 잘 느껴지지 않는 것은 냉담함이 굳건하게 자리하고 있을 확률이 높다. 그렇다면 이런 냉담함을 어떻게 녹여내어 온화한 마음을 가질 수 있을까? 먼저 성범죄 피해자는 자신의 마음 상태가 싸늘하게 식고 얼어붙어 있음을 인식해야 한다. 심장을 꽁꽁 얼려야 살 수밖에 없었던 어린 시절의 자신에게 연민과 긍휼한 마음을 가져야 한다. 꽁꽁 언 심장은 사람들의 온기로 조금씩 녹는다. 안전하고 평화로운 환경이 주어지고 새로운 대인관계 경험이 쌓여야 심장은 냉기를 뿜어내고 온기로 조금씩 채워진다. 냉담했던 마음이 돌아오려면 무조건적인 지지와 관심과 사랑이 있어야 한다. 냉담하게 될 수밖에 없었던 마음을 온전히 이해받고 공감받는 시간이 쌓이면 차가운 심장은 조금씩 따뜻해진다.

어린 시절 성범죄의 굴레 속에서 고통스러워하던 자신에게 편지를 써보는 것은 냉담한 마음을 녹이는 하나의 방법이 된다. 이제는 성인이 된 자신이 어린 시절 그때 그 상황으로 돌아가 어린 자신을 안아 주고 토닥이고 손을 잡아 주고 위로하는 모습을 그려 보고 이때의 감정을 글이나 그림으로 기록한다. 처음에는 마음에 아무것도 느껴지지 않아도 놀라거나 당황할 필요 없다. 냉담한 마음 상태가 오래 지속되었을수록 회복하는 데 긴 시간이 걸린다. 냉담한 마음이 태양처럼 뜨거워지기는 사실 평생이 걸릴 수도 있다. 그러나 사람의 정상체온 정도로는 얼마간의 연습과 노력으로 충분히 돌아올 수 있다. 가슴을 하루에 몇 번씩 쓰다듬거나, 자기 몸을 스스로 안아 주거나, 사랑하는 사람과의 스킨십을 통해 조금씩 냉담함은 녹고 온화함이 자리를 잡을 것이다.

3. 무기력 극복하기

　근친 성범죄 피해자들은 오랜 시간 자유와 인격적 권리를 박탈당해 왔다. 감정을 표현할 기회를 빼앗기고 자신의 경험을 당당히 말하지 못하고 침묵하며 살았기 때문에 말할 권리, 즉 발언권도 박탈당했다. 인간이 누려야 할 기본적인 권리를 불시에 반복적으로 빼앗겼기 때문에 그때마다 피해자는 좌절하게 된다. 절망의 경험이 쌓이면 아무런 희망도 기대도 하기 어렵다. 사람이 살면서 더 나아지리라는 희망이나 새로운 일에 대한 기대가 없으면 무기력해진다. 아무것도 하지 않는 것이 인생을 살아가는 가장 안전한 방법이라고 여긴다.

　근친 성범죄 피해자들은 극심한 자기혐오와 자기 비하에 빠지는 경향이 높다. 이는 가해자가 자신의 왜곡된 성적 욕망을 채우기 위해 피해자를 천박하고 파괴적인 방법으로 대했기 때문이다. 어린아이였던 피해자들은 가해자가 폭력적인 행위와 언어를 쏟아 낼 때 자신이 그렇게 대해도 될 정도의 가치밖에 되지 않기 때문이라는 의식을 마음속에 구겨 넣는다. 자신의 가치를 판단하는 기준은 가해자의 행동과 언어가 되어 버린다. 이 기준에 자신을 비추면 자신은 쓸모없고 가치 없고 더러운 존재라는 착각을 일으킨다. 이런 착각은 더 큰 무기력을 양산한다. '나 따위가 뭘 해 보아야 얼마나 잘하겠어.'라는 기본 틀을 깔고 있기 때문에 무엇을 시도하고 도전하는 일에 극도의 어려움을 보이기도 한다.

사회적 환경은 피해자의 무기력을 더욱 조장하기도 한다. 가부장적, 이성애 남성중심주의, 강간문화, 가해자에게 이득이 되도록 판결하는 법과 제도, 비열한 낙인까지 피해자를 좌절하게 하고 무기력하게 하는 요소는 많다. 피해자다움을 강요하고 그 기준에서 벗어난 듯 보이는 피해자에게는 편견과 차별과 혐오의 굴레를 씌우고 옴짝달싹 못 하게 하는 사회의 압박은 피해자를 더욱 무기력하게 한다.

무기력한 피해자는 내면에 작동하는 만성적 불안과 고통을 회피하거나 마취시키기 위해 중독적 행위에 빠지기도 한다(김현수, 2016). 게임에 열중하여 하루의 대부분을 보내기도 하고, 특정한 물건에 과도하게 집착하기도 한다. 쇼핑중독, 알코올중독, 니코틴중독, 미디어중독, 도박중독, 일중독, 섹스중독 등 다양한 중독의 위험에 더 쉽게 노출되고 빠져드는 경향이 있다. 맨정신으로는 혐오스럽고 혼란하고 불안하고 공허한 자신의 상태와 사회적 압박을 견디지 못하기 때문에 중독의 세계로 빠져들어 현실을 직면하지 않기로 마음먹는다.

무기력한 피해자에게는 극심한 자기애적 성향도 자주 나타난다. 모든 것을 자기중심적으로 생각하며 타인을 경시하는 태도를 보인다. 자신이 상처받을 만한 상황을 만들지 않기 위해 상대를 먼저 공격하는 경향도 있다. 타인을 잘 믿지 못하고 오히려 타인을 이용하거나 교묘히 조종하고 착취하려는 경우도 있다. 칭찬과 인정에 대한 욕구가 강하고, 이분법적 사고에 함몰되어 있고, 근거 없는 자신의 생각이 최고라고 믿으며 타인보다 자신이 특별 대우를 받아야 한다고 여기기도 한다. 이는 어린 시절 성범죄에서 기인한 트라우마 상황을 되풀이하지 않으려는 무의식적 방어기제로 해석할 수 있다. 성범죄로 인해 반복적으로 자아상을 손상당한 피해자는 만성적인 불안, 공허감, 무능감, 열등감 등에 시달린다. 자신의 이런 내적 연약함을 바깥으로 드러내지 않으려고 더 강하고 완벽한 모습을 보이려 하지만 이런 태도를 유지할수록 내면과의 마찰이 일어나고 더 큰 좌절을 경험하게 된다.

무기력에서 벗어나려면 성범죄로 인한 트라우마가 피해자를 지금 어떤 상태로 몰아넣었고 이끌고 가는지를 침착한 시선으로 바라보고 인정할 줄 알아야 한다. 자신의 생활 습관, 대인관계 양상, 마음 자세 등을 왜곡하거나 합리화하거나 축소하지 말고 객관적인 시선으로 바라보아야 한다. 자신의 감정과 욕구를 알아차리고 신뢰할 수 있는 관계 안에서 이를 표현해야 한다. 특히 어린 시절에 좌절되었던 감정과 욕구에 초점을 맞추고 이를 충족시킬 수 있는 관계 경험을 다시 해야 할 필요가 있다.

무기력을 극복하려면 존재 자체에 대한 존중을 경험해야 한다. 자신이 존재 자체만으로도 환영받는 사람이라는 기본적 인식이 있어야 한다. 아기가 태어나면 부모에게 그 자체로 환영받고 기쁜 존재가 되는 것처럼 아무것도 하지 않아도 지금 이곳에 있다는 사실 자체만으로도 뿌듯하고 만족스러움을 느끼는 경험을 안정적인 환경과 관계 안에서 많이 해야 한다. 이를 위해서 인격적인 존중이 필요하다. 존중은 자존감과 직결된다. 한 존재를 높이고 귀중하게 대할 때 죽어가는 불씨에 산소를 공급하는 것처럼 마음을 활성화한다. 또 자신이 하고 싶은 일에 참여하는 것도 무기력을 이겨 내는 좋은 방법 중 하나다. 자신이 하고 싶은 일이 타인에게 도움이 될 때는 무기력을 해체하는 힘이 더 크다. 자원봉사나 사회활동, 동아리 활동 등은 큰 도움이 된다.

격려와 응원은 무기력을 타파하는 데 중요한 역할을 한다. 어떤 일을 시작하거나 하는 과정 중에 있을 때 잘할 수 있다고 믿어 주고 실패나 성공 등 결과에 상관없이 꾸준한 응원을 보내는 사람들이 주변에 있음을 알면 피해자는 쉽사리 포기하지 않고 끈기 있게 어떤 일을 수행할 수 있다. 어떤 목표를 정하고 나가는 일에는 반드시 시행착오가 따른다. 이 시행착오를 실패로 보는 시각을 수정하여 또 하나의 방법을 배움으로 인식하면 삶이 풍성하고 여유로워진다. 실패에 대한 과도한 두려움과 불안을 내려놓고 자신을 너그러운 시선으로 바라볼 수 있다. 이는 걸음마를 배우는 아기처럼 수십 또는 수백 번 넘어져도 다시 일어나게 하는 힘이 된다. 설사 실패한다 해도 주변의 따뜻한 시선과 포용해 주는 분위기는 피해자가 다시 도전할 마음을 가지도록 한다.

작은 성취에 크게 기뻐하고 축하하는 시간도 필요하다. 아기가 처음 한 걸음을 자기 힘으로 걸었을 때 부모가 손뼉을 치고 눈물을 흘리며 기뻐하는 것처럼 피해자의 작은 성취도 이와 같은 대접을 받아야 한다. 몸은 성인이 되었지만 유년 시절에 만끽하지 못하고 좌절되었던 인정과 칭찬을 경험하도록 도와주어야 한다. 이런 성취감이 무기력에서 벗어나 자기 발로 당당하게 걷고 달릴 수 있게 하는 근본적인 근육이 된다. 근육이 발달하지 않으면 서는 것조차 힘겹고 지친다(김현수, 2016).

4. 수치심 털어 내기

 수치심은 나에게 결점이 있어서 사람들에게 거부당하고 소속될 가치가 없다고 믿는 극도로 고통스러운 느낌이나 경험이다 (Brown, 2019). 수치심은 단절에 대한 두려움에서 시작된다. 근친 성범죄 피해자들은 가장 가깝고 든든한 사람에게서 배신당하고 단절될 수 있다는 근본적 불안과 두려움이 있다. 자신이 믿고 따르고 좋아하던 아빠, 오빠, 삼촌, 할아버지 등이 가해자가 되었기 때문이다. 범죄 사실을 말하면 가족이 해체되고 단절될 수 있다는 공포를 계속해서 안고 살았기 때문에 피해자들은 과도한 수치심을 느낀다. 단절에 대한 두려움은 고립감을 키운다. 이 세상에 나 혼자뿐이라는 생각은 도움을 청하기도, 자신의 느낌을 표현하기도 어렵게 한다.

 수치심은 자신의 존재 자체를 문제라고 보게 한다. 자신이 예상한 대로 사람들이 반응하지 않으면 자신에게 설섬이 있어서라고 여긴다. 결점이 있기 때문에 다른 사람에게 가까이 가거나 어떤 조직에 소속될 가치가 없다고 믿는다. 자신의 결점은 치명적인 것이어서 사람들이 자신의 본모습을 알면 모두 싫어하고 떠날 것이라고 여긴다. 그래서 더욱 속마음을 감추고 단절에 대한 두려움에 떤다.

브레네 브라운에 따르면, 우리가 살고 있는 사회공동체는 수치심 거미줄을 만들어 내는 요인들이 무수하다. 수치심 거미줄은 모순되고 경쟁적인 사회공동체의 기대를 의미하며, 이를 조장하는 요인으로는 자기 자신, 가족, 배우자, 연인, 친구, 교사, 교육자, 동료, 종교단체, 공동체 일원, 의료전문가, 멘토, TV, 광고, 음악, 책, 마케팅, 영화, 미디어 등 매우 촘촘하게 우리 사회를 채우고 있는 것들이다. 수치심을 자극하고 촉발하는 항목에는 외모(신체 이미지), 모성, 가족, 육아, 돈, 일, 정신과 육체 건강, 성생활, 나이, 종교, 전형화(선입견)와 그 지표, 자기 생각 말하기, 트라우마 등이 있다.

특히 성범죄에 노출된 피해자는 수치심 거미줄에 걸려 빠져나오기 어렵다. 성을 거론하는 것조차 부끄러워하고 터부시하는 유교적인 문화 안에서는 자신에게 일어난 일을 말하는 자체가 엄청난 공포와 불안을 야기한다. 그 범죄 사실을 말했다가 기존에 곁에 있던 사람들까지 등을 돌리거나 자신을 이상한 사람으로 보면 어쩌나 하는 두려움이 자신의 경험을 당당히 밝히지 못하게 한다. 이는 고립감을 강화하고 정신적, 신체적 병리화를 키우는 요인이 된다.

수치심을 없애려면 어떤 상황에 어떤 모습에서 자신이 수치심을 느끼는지 말로 표현해야 한다. 피해자라는 틀에 가두고 피해자를 험담하고 따돌리고 부당한 판결로 피해자를 더욱 고립시키는 이 사회의 진면목을 드러내려면 자신의 경험을 이야기해야 한다. 모순적이고 경쟁적이고 편파적인 사회가 내게 어느 지점에서 수치심을 느끼라고 강요하는지 서로의 생각을 공유하고 경청하고 공감해야 한다. 서로의 생각을 나누다 보면 수치심 촉발제가 무엇인지 인식하게 된다. 수치심이 내면의 결점이 아니라 왜곡된 사회의 기대와 가해자의 범죄 행위에서 왔음을 인식하면 만성적인 불안을 내려놓고 좀 더 넓은 시선으로 삶을 바라보게 된다. 그러면 자신이 무엇에 휘둘리고 살았으며 근본적 불안과 두려움이 아무 근거가 없음을 자각한다. 정상과 비정상, 흑과 백을 구분하던 세뇌된 잣대를 내려놓고 총천연색의 세상을 마주한다. 그토록 소속되려고 발버둥 치던 그 소속감이 권력자에 의해 조작된 빈껍데기임을 인식한다.

흔들리지 않고 안정되고 탄탄한 소속감은 자기 자신과의 관계에서 비롯된다는 사실을 알게 된다. 스스로를 바라보는 관섬이 곧 자신을 결정한다는 사실을 알면 타인에게 소속되려고 애걸복걸하지도, 타인의 기준에 자신을 맞추려고 안달복달하지도 않는다. 자신의 가치는 훼손되거나 절하될 수 없음을 알면 수치심의 뿌리를 흔들어 뽑을 수 있다. 진정한 자신의 모습을 알고 그 가치를 인식하면 사회적 통념과 기대에 자신을 굴복시키지 않는다.

수치심을 털어 내려면 우리가 보고 듣고 경험한 모든 것을 자기 일로 받아들여야 한다. 그 경험을 묻어두고 회피할수록 우리 안에 분노가 쌓이고 수치심의 수위가 올라간다. 우리에게 닥친 일들이 어떤 감정을 촉발했는지 솔직하게 표현해야 한다. 사회와 가해자는 피해자에게 원치 않는 정체성을 덮어씌운다. 거짓되고 가식적이고 위선적이고 억눌리고 무기력하고 부끄럽고 오염된 정체성을 덧씌우지만 이 가면을 벗고 진정한 자신을 찾아야만 수치심의 굴레에서 벗어날 수 있다. 촘촘한 수치심 거미줄에서 자신이 어디에 걸리기 쉬운지 탐색하고 자신의 취약한 부분을 인정하면 건강한 대처 방안을 강구하게 된다. 이를 위해 수치심을 자각하는 사람들과 연대하여 실제적인 도움을 주고받을 수 있다.

　수치심을 털어 내면 자신의 결점이 혼자만의 것이 아니라 보편타당하다는 사실을 알게 된다. 손가락이 짧은 사람도 있고 긴 사람도 있다. 사회는 짧은 손가락은 부끄러워해야 한다고 강요하지만 짧은 손가락이 나에게 가장 적합하고 요긴하다. 내가 보고 듣고 경험한 것에 사회는 수치를 느껴야 한다고 부추기지만 그 경험은 내 인생에서 중요한 역할을 하고 현재의 나를 있게 한 부분 중 하나다. 이를 당당하게 여기고 이에 대한 감정과 의견을 표현할 때 사회가 강요한 수치심은 파괴된다. 내게 주어진 것을 귀하게 여기고 존중할 때 수치심을 사라지고 새로운 변화를 꿈꿀 수 있다.

5. 통제권 회복하기

외상후 스트레스 장애(PTSD)는 신체적 침해로 인해 발생한다 (Rothchild, 2013). 폭행, 강간, 교통사고, 외과수술, 고문, 구타 등의 강렬하고 충격적인 사건 등이 PTSD의 주요 원인이다. 외상후 스트레스 장애로 신체적인 통합감각이 상실될 수 있다. 어릴 때 겪은 충격적인 사건이 신체에 각인되어 여러 가지 감각(시각, 후각, 청각, 촉각 등)으로 외상을 다시 경험하게 한다. 이는 자율신경계가 과도한 흥분 상태를 유지하여 과잉 각성 상태가 지속되기 때문이다. 마치 숲속에서 호랑이를 맞닥뜨린 상황이 지속되고 있는 것과 같다. 이 상태에서는 심박수가 빨라지고, 식은땀이 나며, 호흡이 가빠지고, 가슴이 두근거린다. 이런 급박한 상황이 종료되어도 지나치게 경계하며 깜짝깜짝 놀라고 불면증, 식욕부진, 성기능장애, 집중력장애, 해리, 이인증, 얼어붙는 듯한 부동 등의 경험을 자주 한다. 전정감각(지구의 중력에 대해 똑바로 설 수 있는 감각)이 저하되어 중심을 잃고 자주 넘어지거나 물건에 부딪히는 현상도 나타난다. PTSD 증상이 지속되면 융통성이 저하되고, 감정 기복이 심하며, 경험 처리 능력이 감소하고, 스트레스 상황에 취약하다. 또 물질(약물)이나 비물질(미디어, 게임 등)에 중독되기 쉽고 우울증에 걸릴 확률이 높고 정신적으로 혼란한 상태에 이르기 쉽고 질병에 취약한 특징이 있다. 외상으로 나타나는 감정은 분노, 분노 폭발, 불안, 두려움, 극심한 공포, 자신에 대한 실망, 수치심, 비통함, 모멸감, 무기력감, 공허감 등이 있다(Rothchild, 2013).

외상후 스트레스 장애를 극복하지 않으면 자신의 신체, 감각, 감정, 사고의 통제가 불가능하다. 통제권을 되찾으려면 먼저 안전한 환경이 주어져야 한다. 친족 성범죄 피해자는 가장 안전하고 따뜻해야 할 장소가 공포의 장소로 바뀌는 경험을 한 사람이다. 가장 기본적이고 핵심적인 안전을 박탈당했다. 가정이 안전하지 않았으니 세상 어디에 안전을 보장할 장소가 있겠는가. 성범죄 피해자에게 안전은 생명과 직결된다. 사람이 살아가는 근본적인 안전감은 대인관계에서 온다. 부모와 애착을 안정적으로 형성한 아기는 세상을 안전한 곳으로 인식하고 모험과 도전을 하는 데 망설임이 없다. 사람과 세상을 안전한 곳으로 인식한다는 것은 삶을 통제할 수 있다는 자신감을 의미한다. 삶의 통제권을 가해자에 의해 빼앗긴 피해자는 통제권을 회복해야 일상적이고 평범한 하루하루를 보낼 수 있다.

대인관계를 재형성하고 재경험하는 것이 통제감을 키우는 데 매우 중요한 과제이다. 친족 성범죄 피해자들은 사람을 신뢰하는 데 큰 어려움이 있다. 가장 가깝고 신뢰하던 사람이 믿음을 저버리고 피해자를 성적 욕구를 배출하는 도구로 삼았기 때문에 인간관계에서 기본적으로 형성되어야 할 신뢰와 존중과 배려가 결여되어 있다. 타인을 조종하고 이용하고 착취하고 공격하고 비난하는 경향은 외상이 남긴 쓰라린 흔적이다. 대인관계에서 피해자가 누구에게 어떤 지점에서 경계 태세가 되는지, 경계 태세를 넘어 공격 모드로 진입하는지를 간파할 수 있어야 한다. 무엇을 보고 들었을 때 어떤 감각과 감정이 촉발되는지 스스로를 탐색하고 그 상황에서 필요한 것이 무엇인지를 알아차려야 한다. 필요한 것이 무엇인지를 가족이나 친구, 심리상담사, 치료사 등 신뢰할 수 있는 사람에게 표현할 수 있어야 한다. 피해자의 필요와 욕구가 채워지는 경험이 쌓이면 피해자는 자신의 영역을 수용하고 자기 존중 능력을 발달시킨다. 자신이 견딜 수 있는 정도의 편안한 관계를 타인과 형성할 수 있고 불편함이 느껴지는 상황도 자각할 수 있다. 무엇이 피해자를 불편하게 하는지 알아차리고, 이를 상대방에게 현명하게 표현할 수 있도록 연습과 훈련을 하면서 대인관계 형성이 좀 더 자연스럽게 확장되어 간다.

대인관계를 형성할 때 자신이 타인을 대하는 방식을 자각하고 타인의 입장에서 그 방식을 생각해 보는 연습도 중요하다. 자신의 방식이 타인에게 어떤 반응을 불러일으키는지 인식하고 더 평화롭고 친밀해지려면 어떤 방식으로 행동하고 말해야 하는지를 탐색하는 시간도 필요하다. 자신을 인식하고 상대방의 입장을 생각하는 일련의 과정은 성인이 되기 위해서 반드시 거쳐야 하는 과정이다. 성인이 되어야 인격적으로 존중하고 신뢰하는 관계를 형성할 수 있다. 이 과정을 거치지 않으면 누군가에게 지나치게 의존하고, 과도하게 집착하고, 의심하고, 간섭하고, 통제하려는 습관 때문에 건전하고 화목한 관계를 유지해 나가기 어렵다.

통제권의 범위는 자신이 행동, 감정, 생각, 의견에만 국한된 것이지 타인의 삶까지 통제하려 해서는 안 된다. 피해자는 가해자에 의해 권리를 침해당하고 통제당하는 경험을 했기 때문에 이런 방식이 무의식중에 삶의 저변이 물들어 있을 가능성이 있다. 통제권을 발휘하여 자신의 행동, 습관, 말, 감정, 활동 등을 계획하고 실행하고 교정하고 개선할 수는 있지만 자신과 가까운 사람, 예를 들어 배우자나 자녀를 통제하려 하면 관계 형성에 큰 어려움이 따른다. 사람은 자신 이외에는 누구도 통제할 수 없고 통제해서도 안 된다. 타인에게 할 수 있는 것은 설명과 설득과 협상과 충고 정도다. 타인이 자신의 의견을 받아들이지 않는다고 분노한다면 아직 가해자가 남긴 범죄의 그늘에서 벗어나지 못한 것이다. 우리에게는 타인의 삶을 좌지우지할 권리가 없다. 이 사실을 잊으면 가해자처럼 범죄에 이르는 행동을 하게 된다. 폭력과 학대와 협박과 억압을 하면서 가장 가까운 사람의 마음에 상처를 주게 된다.

이제는 범죄자의 통제권에서 벗어나 삶의 통제권을 자기 자신에게 있음을 깊이 깨달아야 한다. 과거의 사건에 얽매여 그 그림자 안에서 맴돌고 있다면 삶의 통제권을 아직 되찾아오지 못한 것이다. 통제권을 완전히 되찾아 회복해야 그때부터 피해자는 자신을 위한 진정한 삶을 살아갈 수 있다.

6. 대처 능력 자원 개발하기

안전한 환경이 조성되면 이전의 대처 방식을 버리고 새로운 대처 능력을 개발하여 더 나은 해결책을 모색할 수 있다. 이전에 행하던 대처 방식은 문제 상황을 해결하는 데 효과적이지 않다. 대처 능력 자원은 트라우마의 어두운 그늘에서 벗어나 밝고 따뜻하고 행복한 빛의 영역으로 걸어 들어가는 데 중요한 역할을 한다. 대처 능력 자원에는 유머감각, 호기심, 예술적 창조성, 방어기제, 동물, 식물, 대인관계, 영적 자원, 좋아하는 장소, 좋아하는 활동 등이 있다(Rothchild, 2013).

휴식처처럼 편안함을 주는 모든 활동은 오아시스라고 하며, 이런 활동으로는 새로 배우는 뜨개질, 정원 손질, 수영, 요가, 골프, 요리, 악기연주, 다림질, 집안일, 글쓰기, 그림 그리기, 자동차 수리, 게임(놀이) 등이 있다. 이 활동들의 특징은 대체로 정적이며 자신이 한 일의 결과를 바로 확인할 수 있고, 결과물이 남는다는 것이다. 뜨개질은 규칙과 질서를 지켜야 작품이 된다. 한 줄 한 줄의 질서정연한 활동은 마음에 안정을 주고 통제감을 부여한다. 정원 손질, 요리, 다림질, 집안일, 자동차 수리 등도 정해진 순서가 있고 자신이 통제할 수 있는 방식으로 수행하고 결과에 대해 성취감과 뿌듯함을 느낄 수 있다. 수영, 요가, 골프, 악기 연주 등은 신체를 활용하여 통제감을 키우고 근육을 발달시킴으로 정신적 건강과 감정조절 효과를 가져올 수 있다. 운동을 할 때는 움직임이 격한 유산소 운동보다는 느리고 집중적으로 근육을 강화하는 운동을 하는 것이 도움이 된다. 요가처럼 신체를 고요하게 자각하는 운동을 하되 근육에 피로감이 느껴지면 중단한다. 근육을 발달시키면 흥분과 감정의 정도를 효과적으로 억제하는 데 큰 도움이 되고 이는 통제감을 키우는 데 긍정적 경험으로 작용한다. 그림그리기는 자기표현 능력을 증가시키고 자기 객관화를 통해 침착하고 고요한 마음 상태를 유지하는 데 도움이 된다. 게임은 스트레스 해소를 돕고 타인과 함께하는 놀이는 대인관계 향상 및 개선의 기회를 제공한다.

고정 장치는 직접 만지거나 느낄 수 있는 구체적인 자원을 뜻하는데 좋아하는 사람, 반려동물·식물, 숲이나 강, 미술관 같은 장소, 손으로 만지기 좋아하는 물체, 자원봉사와 같은 활동 등이 있다. 고정 장치는 마음이 혼란하거나 흔들릴 때 마음을 다잡아 주는 역할을 한다. 좋아하고 사랑하는 사람과 손을 잡고 걷거나 스킨십을 나누면 마음이 안정되고 느긋한 기분을 느낄 수 있다. 고양이나 강아지 등 반려동물은 털을 어루만지거나 함께 있으면 자신이 환영받고 수용받는 존재라는 느낌, 책임감 있는 존재라는 느낌이 든다. 식물을 키울 때도 매일 자라고 변화하는 모습을 보면 피해자도 희망을 가지면서 삶을 통제할 수 있다는 자신감이 든다. 좋아하는 장소에 가면 마음이 아늑하고 따뜻해지면서 긴장이 풀리는 경험을 한다. 걱정 근심을 내려놓고 미소를 지으며 마음이 좀 더 넓어지는 기분을 느낀다. 손으로 만지면 기분이 좋아지는 물체는 사람마다 다르지만 감정이 격해지거나 우울할 때 이런 물체를 만지면 즉시 진정 효과가 나타난다. 자원봉사는 자신이 타인에게 도움이 되고 필요한 사람임을 느끼기 때문에 가치감 향상에 도움이 될 수 있다. 무언가를 필요로 하는 사람에게 대가 없이 도와주는 경험은 자존감을 높이고 자기효능감을 키우는 데 큰 역할을 하며 순수한 기쁨을 준다.

안전지대는 자신을 보호할 수 있는 장소로서 현재 존재하거나 피해자가 기억할 수 있는 곳을 의미한다. 예를 들어, 어린 시절 할머니 품이 매우 따뜻하고 안전했다면 그곳이 안전지대가 되고, 힘들 때마다 찾는 장소가 있다면 그곳이 안전지대가 될 것이다. 안전지대는 실제로 존재하거나 상상 속에 존재하는 공간이다. 이 공간은 요새와 같이 보호막 역할을 한다. 감당할 수 없이 격한 감정이 솟아오를 때 이 공간을 떠올리면 마음이 차분해지고 보호받는 느낌이 든다. 한적한 시골의 오솔길이나 따뜻한 햇살이 비치는 테라스(베란다), 바닷가 모래사장, 시원한 나무 그늘, 아늑한 이불 속, 거품이 몽글몽글한 따뜻한 욕조 등도 이런 장소가 될 수 있다. 가장 안전하고 따뜻하고 보호받을 수 있는 공간을 만들거나 기억해 놓으면 트라우마 증상이 나타날 때 신속하게 피신할 수 있다. 피할 곳이 있으면 불안과 두려움의 수위는 한결 낮출 수 있다.

대처 능력 자원 중 유머 감각은 심각하고 무거운 사안에 대해 좀 더 가벼운 마음으로 접근하고 그 문제를 처리하게 한다. 유머는 재미를 유발하고 웃음을 자아낸다. 유머를 사용하면 심각하게 집착하던 문제에서 한걸음 떨어져 나와 전체를 관망하고 짧은 언어로 표현함으로써 그 심각한 상황에서 벗어나게 한다. 그 상황을 위트 있게 표현하면 자신과 타인에게 웃음을 주며, 웃음은 긍정적 에너지를 제공한다. 탈출구가 없다고 여기던 상황에서도 유머 감각은 분위기를 전환하며 새로운 출구를 보게 하는 데 일조한다.

호기심은 인간의 가장 보편적이며 본능적인 욕구로서 새롭고 신기한 것에 관심을 가지고 모르는 것을 알고 싶어 하는 마음이다. 호기심은 미지의 존재에 학구적인 접근을 하게 하고 정신적인 지평을 넓혀 가고 싶어 하는 욕구이기도 하다. 자신이 모르는 것에 관심을 기울이고 배우고자 하는 열망은 유년기, 아동기, 청소년기에 폭발적으로 생성된다. 하지만 근친 성범죄 피해자는 이런 호기심을 십분 발휘해 볼 기회를 박탈당했을 확률이 높기 때문에 새로운 것에 도전하고 학습할 수 있는 환경을 보장받지 못한 경우가 많다. 원초적인 경계 태세를 유지해야 하는 상황에서는 호기심을 발동시키고 이를 실천할 용기를 내기 어렵다. 새롭고 신기한 것에 마음을 기울이고 배우고 성장하기 위해서는 호기심을 깨우는 연습을 해야 한다. 자신이 무엇을 좋아하는지, 어디에 관심이 가는지, 무엇을 배우고 싶은지를 깊이 생각하며 마음의 소리를 들어 보는 시간이 필요하다.

예술적 창조성은 내면의 감정이나 상처를 독특하고 개성 있는 방식으로 승화하는 역할을 한다. 말로는 표현하기 힘든 마음 상태를 그림이나 조각, 행위예술 등으로 발현할 수 있다. 인간의 내면에는 기본적으로 창조성이 내재되어 있다. 새로운 것을 만들어 내는 재능을 찾아 외부로 표현할 때 억눌린 상처가 치유되는 경험을 한다. 손으로 하는 예술 활동은 우뇌를 활성화하고, 순차적으로 완성되어 가는 작품은 통제감과 성취감을 가져다준다. 또 혼자 조용한 시간을 보내면 내면을 관찰하는 시간을 가지고 예술로 승화한 삶을 관조하며 작품 속에 녹아 있는 자아상을 엿볼 수도 있다. 예술적 창조성은 예술 작품에만 적용되는 능력이 아니라 실용적인 물건 예를 들어 옷, 가방, 액세서리 등을 만들 때도 발현된다. 무엇을 새롭게 만드는 행동 자체가 내면을 치유하고 회복하는 기제로 작용한다.

방어기제에는 저항, 부정, 억압, 억제, 합리화 등 여러 가지가 있지만 그중 퇴행은 현실에서 견디기 어려운 고통, 스트레스, 욕구불만, 갈등 혹은 위협에 부딪힐 때 현재의 성장 단계보다 더 이전의 단계로 후퇴함으로써 불안을 완화하는 기제다. 근친 성범죄 피해자는 어린 시절에 충족되어야 했을 욕구를 좌절당했고 포기하도록 강요당한 경우가 많다. 말하고 싶은 것을 억누르며 살았기 때문에 그에 따르는 고통, 욕구불만과 스트레스가 과도한 상태에 이르기 십상이다. 한계에 이른 고통이나 스트레스는 아주 작은 촉발 요인으로도 쉽게 분노와 짜증으로 폭발하기도 한다. 어린 시절 채우지 못했던 욕구와 필요를 퇴행을 통해 충족시키는 시간이 필요하다. 안전한 환경에서 믿을 만한 사람에게 포옹을 받고 다독임받고 수용받는 경험은 피해자의 공허하고 결핍된 마음을 빠르게 채울 수 있다. 또는 피해자 스스로를 돌보고 포용하는 시간을 통해 불안 수치를 낮추고 정신적으로 충만해지는 기회를 가질 수 있다.

동·식물 자원은 자연과 직결되는 자원이다. 반려동물이나 좋아하는 동물을 기르고 함께 시간을 보내는 것, 좋아하는 식물을 집에서 키우는 것, 산이나 강, 바다 등에서 차분하고 평화로운 시간을 보내는 것은 심신의 긴장을 풀어 주며 자연의 일부로서 자신을 있는 그대로 받아들이는 경험을 하게 한다. 동·식물의 성장을 보며 희망과 미래를 꿈꾸기도 한다. 자연은 우리의 삶을 겸허히 수용하게 하고 그 안에서 아름다움과 신비함을 느끼게 한다. 자연이 움직이는 원리를 깨달으면 삶에 순응하는 자세를 가지게 된다.

대인관계 자원은 아무리 강조해도 지나침이 없다. 가해자에게 받은 상처는 새로운 대인관계 경험으로 치유될 수 있다. 자신을 온전히 수용하고 존중해 주고 믿어 주고 격려하고 지지하는 관계 경험이 쌓여야 트라우마에서 벗어나 새살이 돋고 당당하게 걸을 수 있다. 대인관계 자연을 개발하려면 누구와 함께 있을 때 어떤 느낌이 드는지, 어떤 말을 들었을 때 어떤 감정이 올라오는지 세심하게 관찰하고 인지할 수 있어야 한다. 불편하고 거슬리고 괴로운 감정을 그냥 모른 척하고 억누르는지, 속으로는 짜증이 나지만 겉으로는 아무렇지도 않게 행동하는지 면밀히 감지해야 한다. 그리고 자신이 왜 그런 상황에 그 지점에서 그런 마음이 드는지 곰곰이 생각해 봐야 한다. 이 과정은 쉽지 않지만 이런 훈련을 거쳐야 가해자와 같이 고통을 주는 사람을 또 만나는 오류를 방지할 수 있다. 사람과의 만남은 마음의 교류를 뜻한다. 자신의 마음을 중시해야 올바른 대인관계를 형성해 나갈 수 있다.

영적 자원은 영혼의 강건함을 키울 수 있는 자원을 의미한다. 마음보다 더 깊은 곳에 영혼이 있다. 영혼은 신과 교감할 수 있는 통로다. 영혼은 각자가 관심을 가지기 전까지 움직이지 않는다. 죽은 듯이 가만히 웅크리고 있다. 우리는 어떤 엄청난 삶의 위기를 만났을 때 신을 찾는다. 신을 찾을 때 우리의 영혼은 생기를 얻고 조금씩 움직인다. 영혼은 신과 교통하면서 물질세계를 초월하여 영적인 경험을 한다. 영적인 세계로 진입하면 육체의 한계를 넘어 사람의 이론이나 학설로는 설명하기 어려운 초월적 현상을 경험한다. 영적 자원이 튼튼해질수록 삶의 어려움, 고통, 스트레스, 갈등 등을 더 지혜롭게 해결해 나갈 수 있다. 영혼이 신과 하나 되는 경험을 하는 사람은 흔들리지 않는 믿음 위에서 당당하고 겸손하게 자신에게 주어진 삶을 충실하게 산다. 영적인 치유는 삶의 근간을 새롭게 하고 삶의 방향과 목적을 재설정하게 한다. 그리고 그 목적을 이루기 위해 매 순간을 행복하고 충실하게 살아간다.

7. 삶을 작은 계획들로 채우기

　트라우마를 극복하는 좋은 방법 중 하나는 자신이 좋아하는 일들로 시간을 채우는 것이다. 우리의 뇌는 하나의 활동이나 생각에 몰입하면 다른 것은 잠시 접어두는 특징이 있다. 장기적이고 큰 계획보다는 작은 계획들로 시간을 채우는 것은 단기적 성공 경험을 쌓기 위함이다. 좋아하는 일을 즐겁게 성취하는 경험이 쌓이면 시행착오나 큰 어려움이 닥쳤을 때 이를 감내하는 역량을 키워 준다. 인생은 늘 행복하고 즐겁기만 한 것이 아니다. 그리고 무언가 인생에 막대한 영향을 주는 큰 성취를 이루려면 고난을 인내하고 극복하는 능력이 있어야 한다. 이 능력을 키우기 위해서는 작은 성공 경험들이 축적되어야 한다. 이는 걸음마를 배우는 아기와 같다. 한 걸음 한 걸음의 성공 경험이 쌓여야 달리고 장애물을 뛰어넘을 수 있는 것이다. 작은 일들을 이루어 내면 스스로를 칭찬하고 격려하고 응원해 주어야 한다. 스스로에 대한 인정은 자존감의 회복과 삶에 대한 동기와 열정을 일으킨다.

작은 성공을 위한 여러 가지 계획들

- 침대에서 일어나 창문 밖으로 풍경 바라보기
- 하늘에 떠가는 구름 감상하기
- 햇볕이 잘 드는 공간에서 30분 동안 멍때리기
- 자신의 손가락과 발가락을 마사지하기
- 좋아하는 음악 틀어 놓고 들어 보기
- 팔다리를 번쩍 들어 올려 1분간 탈탈 털어 보기
- 신체의 어디가 불편하거나 아픈지 감각을 느껴 보기
- 하고 싶은 일을 종이에 적어 보기
- 왼손(서투른 손)으로 마음 가는 대로 선을 그려 보고 색칠하기
- 무엇이든 만들어 보기(종이접기, 찰흙 주무르기, 요리, 실생활에 필요한 용품들….)
- 관심 있는 주제의 책 읽기
- 마음이 잘 통하는 사람과 이야기하기
- 좋아하는 길을 산책하거나 낮은 산 오르기
- 취미 활동을 하기
- 새로운 것 배우기(뜨개질, 십자수, 재봉하는 법, 목공예 등)
- 다양한 주제로 글쓰기
- 떠오르는 이미지 그림으로 표현하기
- 마음에 집중하고 명상하기
- 정적이고 근육을 키우는 운동하기(요가, 필라테스 등)
- 집안일 하기(청소, 정리 정돈, 빨래 개기, 쓰레기 버리기, 상 차리기 등)

- 친구나 가족과 수다 떨기
- 자신이 되고 싶은 사람은 어떤 사람인지 구체적으로 글로 써 보기
- 자신은 무엇을 할 때 가장 즐겁고 행복한지 생각해 보고 기록하기

하루의 시간을 무엇을 하며 보내는지 기록하는 것은 다음 날을 좀 더 충실하게 보내는 데 도움이 된다. 건전하고 즐거운 시간이 쌓이면 습관이 된다. 습관은 힘겹던 일이 자연스러운 일이 되도록 한다. 인생에 도움이 되는 활동들로 시간을 채우면 더 큰 목표를 향해 나가는 동기가 된다.

8. 마음챙김 명상하기

마음챙김 명상은 온몸을 이완하고 마음을 밝게 하고 통찰력을 기를 수 있는 잠재적인 능력을 높임으로써 삶을 보다 잘 관리할 수 있는 체계적인 방법으로 주목받고 있다(김교헌, 2008). 마음챙김은 현재 순간에 나타나는 생각, 감정 등의 경험을 비판단적으로 주의를 기울여 마음의 균형을 유지하는 방법이다. 마음챙김은 기존 사고방식이나 대처 방식에서 벗어나 점차 자기 몸과 마

음, 자신의 문제, 자신의 주변인과의 관계를 새롭게 볼 수 있도록 한다(김정호, 2004).

마음챙김 명상의 종류에는 호흡명상, 바디스캔, 걷기명상, 탈융합명상, 감정명상, 자애명상, 촛불명상, 서서하는 명상 등이 있다. 명상의 기본자세는 신체를 이완하고 호흡에 주의를 기울이면서 현재 신체에서 일어나는 감각, 느낌에 집중하여 매 순간을 생생하게 알아차리는 데 있다. 또한 마음에 떠오르는 생각과 이를 비교, 평가, 판단하는 이차적 생각을 분리하여 비적응적이고 비관적인 생각, 불안, 두려움, 걱정, 회피 등의 감정을 내려놓고 객관적인 관찰자의 입장에서 스스로를 바라볼 수 있도록 돕는다(Hayes & Smith, 2013).

마음챙김 명상은 순간의 감정 또는 생각에 집착하거나 자책하지 않고 물 흐르듯 자연스럽게 흘러가도록 하고 나와 타인의 연결성을 인식하고 이를 존중하는 마음을 키워 준다. 내가 바라는 것을 타인도 바라며, 내가 받기 쉬운 상처에 타인도 취약하며, 변화는 불가피하다는 사실을 일깨워 준다. 마음챙김 명상은 우리는 하나로 연결되어 내면의 사소한 변화라도 외부에 큰 영향을 미칠 수 있음을 깨닫게 해 준다(Salzberg, 2011).

마음챙김 명상에 대한 설명과 자세한 방법은 부록에 게재했으니 참고하기 바란다.

9. 어린 시절 상실에 대한 애도

　어린 시절에 근친 성폭력을 경험한 피해자들은 일시에 많은 것들을 상실한다. 부모에 대한 신뢰감, 친밀감, 편안함, 안전감 등을 잃게 된다. 이런 변화는 엄청난 혼란, 무기력감, 좌절감, 분노, 외로움, 공허감, 불안감, 죄책감 등을 야기한다. 어제의 아빠와 오늘의 아빠가 전혀 다른 존재가 된다는 사실은 혼란을 넘어 충격과 슬픔과 고통을 일으킨다. 상황이 이렇게 된 데에는 자신의 책임도 있다고 느끼면서 죄책감이 들기도 한다. 친밀감을 상실한 자리에 공허감과 외로움이 남고, 신뢰감이 사라진 자리에 의심과 불안이 싹튼다. 집이라는 공간이 자신을 더 이상 지켜줄 수 없다는 사실을 깨달으면 어디에서도 안정감을 얻기 힘들다.

　또한 폭로로 인해 가족 간의 분리나 죽음을 경험한다면 이에 대한 상실과 슬픔은 매우 강렬할 수밖에 없다. 성폭력 피해를 폭로함으로 인해 부모의 관계가 깨지고 이혼하거나 이사를 가야 하는 상황이라면 가족 질서의 극심한 변화와 지금까지 지켜 왔던 친구들과의 우정도 상실하고, 정든 집과도 이별해야 한다. 환경의 변화는 또 다른 상실과 슬픔의 원인이 된다.

　어린아이들은 이러한 상실에 대처하는 방식이 서툴고 건강하지 않은 경우가 많다. 내적 고통이 너무나 극심하면 이를 행동으로 표출하여 그 고통의 강도를 줄여 보려고 한다. 도둑질, 싸움, 자해, 흡연, 성적인 행동, 사회적 철수 등을 통해 내적 슬픔과 상실을 잊으려고 노력한다. 그러나 이런 충동적이고 위험을 감수하는 건강하지 않은 방식은 자신의 내면을 더욱 악화시키고 더 깊은 상처의 늪으로 빠져들게 할 뿐이다.

근친 성폭력 피해자들은 어린 시절 겪었던 상실과 슬픔에 대해 충분히 애도해야 할 필요가 있다. 일시적 또는 영구적으로 일어나는 슬픔, 분노, 불안, 혼란 등의 감정을 이해해야 한다. 내가 왜 이런 감정을 느끼게 되었는지 현실에 일어난 사실을 빼거나 더하지 말고 있는 그대로 인정해야 한다. 현실을 받아들이고 그에 관련하여 일어나는 정서를 말로 표현해야 한다. 감정은 말로 표출하면 그 강도가 훨씬 줄어든다. 말을 하면서 자신의 감정과 마음을 더욱 확실하게 인지할 수 있고 마음속의 혼란도 감소시킬 수 있다. 자신의 감정을 말뿐 아니라 글이나 그림으로 표현해도 좋다. 그리고 어린 시절 일어난 사건을 의미 있는 방식으로 재해석하고 그 일을 통해 야기된 자책감과 무기력감을 소멸시키는 작업을 해야 한다. 나에게 일어난 일은 고통스럽고 참혹한 일이기는 하지만 그 나름대로의 의미를 지닌다. 이 일을 경험함으로써 성폭력의 파괴적 영향을 깨닫고 그 일이 다시 일어나지 않게 하기 위해 무언가를 할 수 있다. 그 사건에서 의미를 찾는 것은 우리 삶을 전체적으로 통합하기 위한 중요한 방법이기도 하다. 이 통합 과정을 거쳐야 비로소 우리는 다음 챕터로 넘어가 일상을 건강하고 당당하게 살 수 있다.

애도를 하는 형태와 시기와 방법은 각자 다를 수 있다. 누군가는 울며 소리칠 수 있고, 누군가는 조용히 눈물을 흘릴 수 있다. 욕을 하거나 코웃음을 칠 수도 있다. 또 애도 기간에도 사람마다 큰 차이가 있다. 어떤 사람은 며칠이 걸리지만 다른 사람은 몇 년이 걸릴 수 있다. 가해자가 피해자에게 어떤 존재로 각인되어 있느냐에 따라 애도 기간은 평생이 걸릴 수도 있다. 애도의 방법도 사람마다 다르다. 검은 옷을 입고 침통한 표정으로 어린 시절 상실을 슬퍼할 수 있다. 반면 화려한 옷차림을 하고 맛있는 것을 먹으면서 그 상실을 이야기할 수도 있다.

애도 시에 중요하게 고려해야 할 사안은 성폭력이 일어난 시기, 성폭력이 일어났을 그때 발생한 또 다른 중요한 생활 사건들, 성폭력을 경험하기 이전에 미해결된 상실과 관련된 일이 있었는지, 가해자가 가족 안에서 어떤 역할을 했었는지 등이다. 애도는 자신이 상실한 가장 중요한 것이 무엇인지 찾고 이에 대해 충분히 슬퍼하고 마음을 표현하는 것이다. 자신이 상실한 것에 대한 정서적 애착을 인식하고 마음에 쌓인 깊은 상처를 치유하여 이에 적응해 가는 과정이 바로 애도다. 애도 과정이 충분히 다루어져야 그 기억과 같이 살면서 적응적이고 건강한 일상을 유지해 나갈 수 있다.

10. 자조모임 만들기

자신과 비슷한 경험을 한 사람들과의 모임은 회복과 치유에 큰 도움이 된다. 피해자로서는 유사한 경험을 했지만 생존자로서는 각기 다른 방법으로 문제에 대응하고 회복을 위해 노력해 왔다. 이 방법들을 서로 나누면 어두운 터널 한가운데 있는 것 같은 막막하고 불안한 마음이 빛을 찾아 걸어가는 듯한 새로운 경험을 하게 된다. 참여자들의 진정 어린 공감과 조언은 현재 직면하고 있는 문제에서 벗어나기 위한 실제적이며 구체적인 방법을 알아가는 데 도움을 준다.

자조모임을 구성하는 인원은 4명에서 8명 사이가 적합하다. 참여자가 모이면 규칙을 정한다. 최소 6번 이상은 지각이나 결석 없이 꾸준히 참여하기, 모임에서 나눈 이야기는 반드시 비밀에 부치기, 참여자는 돌아가면서 진행을 맡기, 한 사람에게 할애할 시간을 균등하게 정하기, 다른 참여자의 말을 듣고 비판하거나 비난하거나 충고하지 않기, 모임 진행 시간, 장소 등에 관한 규칙을 정한다.

진행을 맡은 사람은 참여자들이 다루고자 하는 직접적인 주제를 정해 이야기를 나눌 수 있다. 한두 가지 주제에 집중해서 심도 있게 이야기를 하는 방식을 고수해야 한다. 자신에 대한 이야기에 집중하고 타인을 비방하거나 외적인 이야기로 시간을 낭비하지 않도록 조심한다.

모임에서 다룰 몇 가지 주제들(Norwood, 2011)

- 나에게 왜 이 자조모임이 필요한가?
- 현재 직면하고 있는 생활의 문제
- 생활의 문제를 대처하는 방식
- 가까운 사람과의 관계 양상
- 자신을 바라보는 관점과 이미지
- 타인이 자신을 바라보는 관점과 이미지
- 죄책감, 외로움, 두려움, 불안 등의 감정과 이런 감정이 올라올 때 대처 방법
- 성에 대한 자신의 생각과 태도
- 이성과의 관계 패턴
- 자신에 대한 책임감과 어떤 일을 진행하는 동기
- 우울증과 그에 대한 대처 방법
- 자신 안에서 울려 퍼지는 목소리들의 실체와 출처
- 분노와 적개심을 어떻게 다루는가?
- 자신의 신체적, 정서적, 대인관계적, 사회적, 영적 상태

자조모임은 치유와 회복과 성장을 돕기 위한 목적에 부합되어야 한다. 지금까지 다루지 못했던 묵은 문제를 해결하고자 새로운 방식을 개발하기 위해 함께 모였음을 염두에 두어야 한다. 처음부터 진실하고 솔직하게 깊고 구체적인 속마음을 표현하기는 어렵지만 모임이 이어지고 신뢰가 쌓이면 매우 민감한 문제까지 나누고 스스로를 돌보는 기회가 될 것이다. 이러한 기회는 더 건강하고 유연한 대처 방법을 삶에 실행함으로 마음의 평화를 얻는 데 큰 도움이 될 수 있다.

11. 꿈을 향해 나아가기

우리는 목적을 갖고 태어난 존재다. 목적은 존재 이유와 직결된다. "나는 왜 태어났을까?" "나는 무엇을 하기 위해 이 땅에 존재하는가?" 이 질문에 대답하려면 자신의 재능이 무엇인지 알아야 한다. 사람 안에는 각기 다른 씨가 심겨 있다. 소나무가 될 씨앗, 복숭아나무가 될 씨앗, 참외가 될 씨앗, 딸기가 될 씨앗……. 씨앗들은 자라는 속도가 다르고 형태도 다르고 열매 맺는 시기도 다르다. 운동에 재능이 있는 사람, 숫자에 재능이 있는 사람, 글 쓰는 데 재능이 있는 사람, 요리에 재능이 있는 사람, 그림 그리는 데 재능이 있는 사람 등 우리는 수없이 많은 재능을 다양한 사람

속에서 발견한다. 재능은 꿈과 직접적인 연관이 있다. 재능을 찾아서 꿈을 그리고 그 꿈을 실현한 사람은 행복하고 충실하고 즐거운 삶을 산다. 그러나 재능을 찾지 못하면 갈팡질팡하면서 무수한 시간을 허비하게 된다.

꿈은 어린 시절에만 꾸는 것이 아니다. 우리는 죽을 때까지 꿈꾸는 존재로 창조되었다. 꿈을 꾸고 이를 향해 나가는 사람은 어떤 시련과 고난이 와도 좌절하거나 포기하지 않고 전진할 수 있다. 인생의 목적을 아는 사람은 올바른 방향으로 꾸준하게 나간다. 꿈을 찾으려면 사회적 조건, 잣대, 기준으로 오염된 마음을 내려놓아야 한다. 사회는 돈이 최고의 가치라고 세뇌하지만 돈은 우리의 최종 목적지가 아니다. 돈은 꿈을 향해 나가는 데 필요한 최소한의 수단일 뿐이다. 수단을 목적으로 삼으면 항상 공허하고 불안하고 경직되고 각박해진다. 돈과 외모에 집착하면 꿈을 향해 나가는 데 필요한 물적, 심적, 영적 자원을 낭비하게 된다.

꿈은 마음의 소리에 귀 기울일 때 본색을 드러낸다. 마음은 우리가 무엇을 할 때 행복한지 말해 준다. 거기에 더해 영혼의 소리를 마음을 열고 들으면 꿈은 더 명확해진다. 꿈은 구체적으로 그릴수록 성취하는 시기가 당겨진다. 꿈을 이룬 자기 모습을 마음속으로 그려 보는 연습은 매우 중요하다. 자신이 꿈을 이뤘을 때 어디에서 무슨 옷을 입고 어떤 헤어스타일로 누구에게 말하고 있을지를 상상한다. 상상은 우주의 에너지를 삶에 끌어들이고 움직이는 능력이다. 상상할수록 점점 더 꿈에 다가간다. 꿈을 꾸면 꿈을 성취하는 문이 조금씩 열린다. 그 문이 무엇인지, 언제 열릴지는 알 수 없지만 꿈을 생각하고 이루려고 노력하는 한 꿈은 점점 더 구체적인 실체를 드러낸다. 꿈을 마음속에 굳건히 붙잡는 사람은 꿈을 성취할 기회가 왔을 때 이를 놓치지 않고 포착한다. 이런 작은 기회들이 모일 때 꿈은 상상이 아니라 현실이 된다.

오늘날 순수하고 이타적이고 헌신적인 꿈은 찾아보기가 어렵다. 초등학생들도 부자가 되는 것이 꿈이라 외친다. 하지만 꿈과 돈을 묶으면 꿈은 오염된다. 순결하고 고귀한 꿈은 자신의 재능과 연결되어야 하고 타인과 자신에게 유익이 되고 사회에 기여해야 한다. 자신의 꿈을 이룸으로 공동체에 선한 영향력을 끼쳐야 한다. 꿈은 서로를 성장시키고 더 나은 세상을 만드는 데 이바지해야 한다.

자신의 재능을 계발하여 능력으로 키우면 즐겁고 충실하고 아름다운 삶을 살 수 있다. 이런 삶은 행복한 개인을 만들고 행복한 개인들이 모이면 안전하고 평화롭고 살기 좋은 세상이 된다. 우리가 지날 날 겪었던 경험은 꿈을 설정하는 데 중요한 요인으로 작용한다. 하나의 경험은 가치 있고 의미 있다. 경험 속에 담긴 의미를 찾으면 우리 각자가 반드시 해야 할 일이 무엇인지 알게 된다. 오직 나만이 할 수 있는 일을 찾을 때 꿈을 세우고 이를 이루기 위해 흔들림 없이 걸을 수 있다.

맺음말

　만약 당신이 깜깜한 밤에 길을 가는데 누군가 갑자기 달려들어 당신을 차고 때린다고 상상해 보세요. 몸을 꼼짝 못 하게 결박하고 칼 같은 무기로 찌른다고 상상해 보세요. 영문도 모르는데 날아드는 주먹과 발길질에 당신은 엄청난 공포와 혼돈과 고통을 느낄 것입니다. 몸은 경직되고 정신은 아득해지면서 죽음으로 가는 두려움을 느낄 것입니다. 피부에 상처가 나고 입술이 터져 피가 흐르고 내장이 파열되는 아픔, 뼈에 전해져 오는 엄청난 고통, 생살이 찢겨나가는 견디기 힘든 괴로움을 온전히 몸으로 느껴보십시오. 그런데 나를 가해한 사람이 내가 가장 믿고 따르고 사랑했던 가족이었다는 사실을 알았다면 마음이 어떨까요?

　모르는 사람한테서 이런 폭행을 당했다면 곧장 가족에게 알리고 경찰에 신고할 것입니다. 그러나 가해자가 가족이라면? 폭행에 더해 성폭력까지 저질러졌다면? 사안은 초면인 사람한테 당한 폭력보다 훨씬 심각하고 중대한데 우리는 이 사안에 대해 함구합니다. 가장 엄하고 강하게 다루어야 할 범죄를 가장 약하고 가볍게 처리합니다. 그리고 피해자에게 범죄의 원인을 돌립니다. 당신이 폭행당한 원인이 당신에게 있다고 누군가 비난한다면 당신은 어떻게 대응하시겠습니까? 그 폭행 사건을 입에 담지 말라고, 아무에게도 누설하지 말라고 압박을 주면 어떤 심정이 될까요?

모든 범죄는 피해자의 입장을 헤아리지 못했기 때문에 일어납니다. 이제라도 우리는 피해자가 무엇을 어떻게 느끼고 생각하는지에 관심을 기울여야 합니다. 인간에게 주어진 상상력과 양심을 최대한 작동시켜 그들의 입장에 서보아야 합니다. 그래야 당신이 그토록 바라는 정의롭고 안전하고 평화로운 사회가 실현될 것입니다. 범죄에 방관하고 편견과 혐오와 차별의 눈으로 범죄당한 사람을 바라보면 우리 자신도 언제 범죄의 표적이 될지 모릅니다. 우리가 사는 세상은 나 하나로부터 비롯된 생각과 행동으로 조각된 그림과 같습니다. 나로 인해 그 그림이 아름다워질 수도, 추해질 수도 있습니다. 나는 세상의 그림을 더 낫게 그리는 사람일까요, 아니면 더 악하고 흉하게 그리는 사람일까요?

부록

마음챙김 명상하기

카밧진(1994)에 따르면 마음챙김은 의도적으로 현재 순간에서 비판단적으로 주의를 기울이는 것이라고 하였다. 저거(2005)는 수용적인 태도로 현재의 경험을 알아차리는 것이 마음챙김이라고 정의하였다. 마음챙김은 현재 개인이 접촉하고 있는 지금 여기에서의 경험을 있는 그대로 바라보도록 이끌고 매순간의 경험을 비판단적으로 바라보며 마음의 작용을 알아차려 마음의 적당한 균형을 유지하는 것이다(김도연, 손정락, 2012).

1. 호흡명상

호흡은 삶을 유지하기 위해 필수적인 활동으로 인체에 산소를 공급하고 노폐물을 방출하는 기본적인 대사 작용이다. 호흡을 잘하지 못하면 산소 흡입과 탄산가스 배출이 불량해져 신진대사에 영향을 미치고 불안, 공황장애, 우울, 근육긴장, 두통, 피로감 등의 심리적·신체적·생리적으로 악영향을 미친다. 명상 중의 호흡은 모든 종류의 명상법과 이완법의 기본이며 공통된 요소이다(장현갑, 2007).

호흡에 주의를 집중하면 심신의 안정을 얻고 더욱 명료한 눈으로 자신의 감각, 생각, 감정을 관찰하게 된다. 이러한 의식의 각성은 스트레스가 발생할 때 적절한 대처 방법을 선택할 수 있도록 한다. 호흡에 주의를 기울이는 것은 자신의 신체에 주의를 집중하여 현재 순간을 생생하게 알아차리는 과정이기 때문이다(김영화, 2010). 마음챙김 명상에서 호흡은 두 가지 방법으로 훈련된다. 하나는 특정한 시간을 정해서 명상하는 공식적 수련으로, 하던 일을 멈추고 정자세를 취한 후 일정 시간 동안 숨이 나오고 들어가는 것에 주의를 기울여 관찰하는 방법이고, 다른 하나는 시간과 장소를 불문하고 명상하는 비공식적 명상수련으로 공식 명상과 병행하면 효과가 극대화된다(김영화, 2010).

호흡명상 하는 방법

① 등을 곧추세우고 긴장하거나 웅크리지 않고 편안하게 다리를 교차해서 앉는다.
② 눈은 편안히 감거나 전방 2-3미터 지점을 지그시 응시한다.
③ 콧구멍을 통해 숨이 들어가고 나가는 것을 의도적으로 느낀다. 공기가 콧구멍을 통해 목, 가슴, 배로 들어가 복부를 가득 채우고 다시 배, 가슴, 목, 코로 나오는 감각을 느낀다. 숨을 들이마실 때 '들이마시고' 내쉴 때 '내쉬고'라고 마음속으로 읊조린다.
④ 숨이 몸에 들어가고 나가면서 신체가 어떻게 변하고 어떤 감각을 느끼는지 알아차린다. 자연스럽게 호흡하고 차분하게 관찰하면서 신체에 집중한다.
⑤ 주의가 산만해지고 다른 생각이 떠오르면 그 생각을 알아차린 다음 다시 호흡으로 돌아온다.
⑥ 정해진 시간 동안 또는 충분히 명상을 했다고 느낄 때 눈을 뜨고 명상을 마친다.

2. 바디스캔

바디스캔은 신체감각이나 느낌에 대한 알아차림을 증진함으로써 평소에 잊고 있던 자신을 찾아가는 명상의 한 방법이다. 이는 신체 부위에 의식을 집중하면서 각각의 신체 부위에 순간순간 나타나는 순수한 감각을 있는 그대로 느끼면서 평소에 느끼지 못하고 지나쳤던 다양한 신체 감각과 그에 따른 느낌을 예민하게 알아차리는 것이다. 바디스캔을 통해 에너지는 온몸에 더 잘 전달되고 신체 각 부분의 기능이 원활해지고 이완 효과가 상승한다(김명숙, 2008).

바디스캔명상 하는 방법

① 편안한 장소에 누워 두 팔은 양쪽에 내려놓고 눈을 감는다.
② 긴장을 풀고 바닥과 닿아있는 등에 주의를 돌린다.
③ 주의를 정수리부터 얼굴, 이마, 코, 입, 뺨, 눈, 귀, 턱, 목, 가슴, 팔, 손, 손가락, 배, 배꼽, 척추, 골반, 엉덩이, 허벅지, 다리, 정강이, 발목, 발등, 발가락, 발바닥 순으로 신체 부위에 집중하면서 각 부분의 무게, 촉감, 압박, 긴장, 떨림 등을 예민하게 알아차린다.
④ 서서히 눈을 뜨고 감각과 느낌의 변화를 알아차린다.

3. 걷기명상

걷기명상은 몸을 움직이면서 하는 명상으로서 도착지나 목적지를 정해두지 않고 걷는 그 자체에 목적을 둔다. 걷기명상은 매 걸음을 걸으면서 거기에 완전히 몰입하여 발, 다리, 자세, 걸음걸이에서 오는 감각 자체를 느끼는 것이다(Kabat-Zinn, 2019). 걷기명상을 통해 자신이 지구 위를 걸어가고 있음을 깨달으면 자신이 내딛는 걸음이 평소에는 느끼지 못했던 전혀 다른 느낌으로 다가온다. 이때 좁은 시야와 한정된 틀에서 벗어나 걸음을 한 발자국 옮길 때마다 자신이 지구 전체와 만나고 있음을 느끼고 다리와 발의 느낌과 발이 바닥에 닿는 느낌을 알아차리면서 걷게 된다(Hanh, 2007). 걸을 때 느껴지는 신체적인 감각은 땅과 맞닿은 느낌이 들게 해 주어 자연과의 연결을 알아차리게 한다. 걷기명상은 자신이 지금 있는 곳에 존재하며 걷기에 수반되는 매 순간의 감각에 집중하고 움직임 속에서 고요함을 유지하게 하는 마음챙김이다.

걷기명상 하는 방법

① 실내나 실외에 스무 걸음 정도 걸을 수 있는 공간을 확보한다.
② 눈을 뜨고 편안한 자세로 발을 어깨 폭만큼 벌리고 체중은 양발에 균등하게 실어 출발점에 선다. 양팔은 옆구리에 자연스럽게 붙이거나 손을 가볍게 등 뒤 혹은 앞에 두고 맞잡는다.
③ 주의를 발에 두고 발등, 발바닥, 발가락을 느끼고 바닥과 접촉하는 발의 감각을 의식해 본다.

④ 천천히 체중을 왼발로 옮기며 신체의 미묘한 변화에 주목한다. 오른쪽 뒷발꿈치를 바닥에서 떼고 다리를 들어 자연스럽게 걸으면서 다리와 발의 움직임에 초점을 맞추고 발이 땅에 닿는 느낌에 주목한다. 발을 땅에서 뗄 때 '올리고', 다리를 들어 올릴 때 '이동하고', 바닥에 놓을 때 '내딛고'라고 마음속으로 읊조린다. 마음이 산만해지거나 방황하고 있음을 알게 되면 그 상태를 알아차리고 다시 발걸음의 감각에 주의를 기울인다.
⑤ 정해진 시간 동안 명상을 하고 가만히 멈추어 발이 바닥에 닿는 지점에서 느껴지는 느낌에 주목한다. 보이는 것, 들리는 것을 받아들이고 차분하게 명상을 마무리한다.

4. 탈융합 명상

탈융합 명상은 고통을 제거하거나 관리하기 위한 방법이 아니라 더 폭넓고 유연한 방식으로 지금 여기에 존재하게 하는 법을 배우는 명상이다. 탈융합이란 마음에 떠오르는 생각과 이를 비교, 평가, 판단하는 이차적 생각을 분리하는 작업이다. 인지적 융합은 과거의 경험으로 인해 공고해진 부정적이고 비적응적 개념에 집착하는 것을 뜻한다. 과거에서 기인한 인지적 개념은 현재를 기반으로 살아가지 못하게 하고 미래를 비관적으로 예측하게 한다. 과거의 경험을 바탕으로 개념화된 자기는 단정적이고 선언적이고 절대적인 경직성으로 나타난다. 이 경직성은 불안, 두려움, 회피 등을 초래하고 심리적 고독과 대인관계의 악화를 야기한다. 탈융합 명상은 마음에 떠오르는 생각, 감정, 기억을 평가하거나 판단하지 않고 이것을 알아차리고 관찰하고 내려놓음으로 그 생각이나 감정과 얽히는 것을 막아 주고 일정한 거리를 확보하게 해 준다. 이는 생각에 집착하고 매몰되기보다 관찰자의 입장에서 객관성을 유지하며 생각과 자신을 분리할 수 있도록 도와준다(Hayes & Smith, 2010).

탈융합 명상 하는 방법

① 등을 세우고 이완된 자세로 다리를 교차해서 앉는다. 눈은 감는다.
② 천천히 흘러가는 시냇물을 상상한다. 큰 나뭇잎 하나가 냇물을 따라 아래로 떠내려간다.
③ 생각을 의식하고 한 가지 생각이 떠오를 때마다 그 생각이 나뭇잎 위에 쓰여 있다고 상상한다. 생각이든 말이든 영상이든 떠오르는 대로 나뭇잎 위에 놓는다.
④ 나뭇잎 위의 생각을 알아차리고 말로 표현한다. 나뭇잎이 천천히 떠내려가든 빨리 지나가든 물살의 흐름을 변화시키려 하지 않는다.

⑤ 5분 정도 이 명상을 한 후 눈을 뜨고 어떤 경험을 했는지 기록한다.

5. 감정명상

감정명상은 힘들고 고통스러운 감정을 억압하거나 유쾌한 감정을 연장하지 않고 떠오르는 감정을 있는 그대로 관찰하고 떠나보내는 명상이다. 이는 실제 경험과 이차적으로 덧붙인 말을 구별하도록 돕는다. 일어나는 감정을 흥미, 호기심, 동정심을 가지고 관찰한 다음 자책하거나 집착하지 않고 떠나보낸다. 이는 감정이 일시적이고 순간적이라는 사실을 받아들이도록 한다.

감정명상은 감정을 제거하거나 극복하는 데 목적이 있는 것이 아니라 그 감정에 완전하게 주의를 기울이는 데 있다(Salzberg, 2011).

감정명상 하는 방법

① 앉거나 누워서 편안하게 명상 자세를 잡고 눈을 감거나 아래를 응시한다.

② 주의를 호흡으로 돌리고 몸을 의식하면서 안정을 취한다.
③ 마음속에서 느껴지는 분위기를 관찰하고 호흡을 따라갈 때 두드러지는 감정을 의식한다.
④ 몸에서 감정이 느껴지는 위치를 찾을 수 있는지 살펴본다.
⑤ 부드럽고 편안하게 감정과 함께 머문다. 현재 떠오르는 것은 무엇이든 인정하고 마음속 읊조림에 귀를 기울인다.
⑥ 감정에 저항하지 않고 관찰하면서 몸의 감각을 느껴본다.
⑦ 미래 예측, 비난, 예상을 덧붙이고 있다면 그런 반응을 떠나보내고 현재의 경험으로 돌아온다.
⑧ 다시 호흡을 따라가면서 명상을 끝내고 눈을 뜬다.

6. 자애명상

자애명상은 사람 사이의 연결성을 존중하는 마음을 길러 준다. 자애명상은 사람들의 행동 너머에 있는 고통, 욕구, 소망을 인식하고 자애, 연민, 호의적인 기쁨을 자신을 비롯한 모든 사람에게 확장하는 연습이다. 자애명상의 핵심은 모든 사람은 의미 있는 성취를 원하고, 변화와 상실에 상처받기 쉬우며, 삶은 순식간에 변할 수 있다는 사실을 인식하는 것이다. 자애명상을 통해 모든 이의 안전, 건강, 평안, 행복을 빌어 주며 자신의 삶이 거대한 네트워크에 연결되어 있고 사소한 일상의 변화가 외부에 매우 큰 영향을 미친다는 사실을 상기하게 된다(Salzberg, 2011).

자애명상 하는 방법

① 등을 편안하게 펴고 앉거나 바닥에 눕는다. 눈은 감아도 되고 떠도 된다.
② 조용히 '내가 안전하기를, 내가 행복하기를, 내가 건강하기를, 내가 평안하기를'이라고 말하면서 자신에게 자애를 보낸다. 스스로 만족할 만큼 충분히 간격을 두고 문구를 마음속으로 반복한다.
③ 감정, 생각, 기억이 떠오르면 알아차리고 사라지게 내버려둔다.
④ 나를 도와준 사람, 고마운 사람을 떠올리고 그의 이름을 말하며 그 존재를 느끼고 그 사람에게 자애를 보내며 문구를 읊조린다.
⑤ 상처를 입었거나 지금 힘들고 어려운 사람을 떠올리고 그 이름을 말하고 존재를 느끼고 그에게 자애를 보내고 문구를 읊는다.
⑥ 어울리기 힘든 사람, 말투나 행동이 거친 사람을 떠올리고 그도 고통과 상실에 약하다는 사실을 알고 자애를 보내며 문구를 조용히 말한다.
⑦ 자신을 힘들게 하는 사람, 괴롭히는 사람에게 자애를 보낸다. 이름이 기억나지 않아도 그 사람을 떠올리며 자애 문구를 읊는다.
⑧ 마지막으로 세상 만물에 행복과 자애를 보낸다.

7. 촛불명상

불은 오랫동안 빛의 원천이었으며 추위와 어둠을 막아 주었다. 불은 열과 빛을 주고 보호의 역할을 하고 이에 더해 위안을 주기도 했다. 타오르는 불길은 끊임없이 변화하며 이를 지켜보고 있으면 마음이 가라앉고, 원기가 회복되고, 명상의 세계로 이끌기도 했다. 그러나 현대사회는 불의 필요성이 약화했고 조용히 있을 수 있는 기회가 거의 사라졌다. 진짜 불빛을 보면서 하루를 돌아보고 자신을 성찰하는 대신 텔레비전이나 휴대폰을 본다. 자기 내면의 소리가 아닌 다른 사람이 만들어 내는 소리와 이미지에 파묻혀 지내며 고요함을 경험할 기회를 잃고, 아무 생각 없는 수동적인 존재가 되어간다(Kabat-Zinn, 2019).

촛불명상은 따뜻함과 고요함과 내적 평화를 누리기 위해 자신의 기본적인 내면의 동경으로 돌아가게 하는 명상이다. 호흡을 하며 일렁이는 불꽃을 바라보는 것은 마음의 상태를 알아차리는 효과적인 방법이다. 아무 데도 도달하려 애쓰지 않고 있는 그대로의 모습으로 그 순간에 존재하면 생각과 감정들의 움직임 뒤와 안에서 고요함과 위로를 만나게 된다(Kabat-Zinn, 2019). 촛불명상은 미디어의 요란함에서 벗어나 고요히 마음에 귀를 기울이고 내면의 능동성과 역동성을 알아차리는 데 도움을 준다.

촛불명상 하는 방법

① 전자기기(텔레비전, 휴대폰)를 끈다.
② 촛대나 접시 위에 초를 놓고 불을 붙인 다음 실내조명을 끈다.
③ 등을 세우고 편안한 자세로 촛불 앞에 앉고 손은 무릎 위에 살며시 올려놓는다.
④ 조용히 코로 호흡하면서 촛불을 응시한다.
⑤ 떠오르는 생각, 감정, 신체 감각에 주의를 기울이고 알아차린다.
⑥ 생각, 감정, 감각을 알아차린 후 촛불 위에 올려놓고 사그라지는 것을 상상한다.
⑦ 촛불을 보면서 경험한 것을 기록하거나 말로 표현한다.

서서하는 명상 방법

① 명상음악을 준비(가브리엘 로스 춤 명상곡 6분 17초, 캐논 3중주 5분 33초 중 하나 또는 둘 다 준비)
② 자유롭게 움직일 수 있는 공간을 확보한다.
③ 공간 가운데 다리를 어깨너비로 벌리고 선다. 팔은 양옆에 편하게 내려놓는다.

④ 음악을 켜고 자연스럽게 호흡한다. 지시문에 따라 명상을 진행한다.

지시문

숨을 들이마시고 내쉽니다. 호흡에 집중합니다. 자신이 살아 있음을 느껴봅니다. 발바닥에서 나온 뿌리가 땅속 깊이 내려간다는 상상을 합니다. 숨을 내쉴 때 몸 안에서 긴장감이 나가고 들이마실 때 따뜻함이 들어옵니다. 숨을 깊이 마시고 끝까지 내쉽니다. 긴장감이나 불편함이 완전히 녹아서 바닥에 흘러든다고 상상합니다. 몸을 완전히 이완합니다.

음악에 귀를 기울입니다. 몸에서 무엇이 느껴지는지 관찰합니다. 몸이 움직이는 대로 따라가 봅니다. 몸의 움직임을 알아차립니다. 지금 느끼는 감정을 알아차립니다. 감정이 어떻게 바뀌는지 관찰해 봅니다. 감정이 몸의 어느 부분에서 나오는지 알아차리고 차분히 느껴 봅니다.

⑤ 음악이 끝나면 조용히 서서 내부에서 일어나는 움직임을 경험해 본다.
⑥ 음악을 들으면서 무엇을 느꼈는지, 음악에 기분을 맡길 수 있었는지, 즉흥적으로 몸을 움직이는 것이 편했는지 불편했는지 기록한다.

(마음챙김 명상 방법: 이미애, 2021에서 발췌)

작가 인터뷰

이 책을 쓰게 된 구체적인 계기는 무엇인가요?

  책의 주제가 너무 무거워서 제 얘기부터 솔직하게 꺼내놔야 할 것 같아요. 제가 초등학교 4학년 때 삼촌한테 성폭행을 당했어요. 그런 일이 있고도 아무 말 못 하고 지나갔는데 그 삼촌이 서른세 살에 자살을 했어요. 제가 스물여섯이었는데, 그때는 저도 벌써 결혼을 하고 아이를 낳은 뒤였죠. 그런데 삼촌이 죽었다는 소식을 듣고 나서야 작은 언니랑 막냇동생도 똑같은 일을 당했다고 얘기를 하는 거예요. 알고 보니까 친족 성폭행 사례가 정말 많더라고요. 한 집안의 여자들이 다 같이 피해를 입은 경우도 있고요. 저 역시 이렇게 끔찍한 일을 당했는데 지금까지 왜 아무 일도 없었던 것처럼 살았을까 하는 생각이 들기 시작했어요.

  대학원에서 자살 예방에 대한 논문을 쓰려고 자료를 찾다 보니까 성폭행을 당한 뒤에 자살한 사람이 그렇게 많은 거예요. 성폭행 피해자들 잘못은 하나도 없는데 스스로 목숨까지 끊고 마는 현실을 마주하고, 책을 써야겠다고 결심했어요. 사명감이 생긴 거죠. 책을 쓰면서 제 안에도 아직 해결되지 못한 상처들이 많다는 것을 느꼈어요. 그래도 글을 쓰면서 100%는 아니어도 치유가 많이 되었죠.

책을 쓰면서 특별히 중점을 둔 부분은 무엇인가요?

  친족 성폭력이라는 끔찍한 고통을 겪은 사람들에게도 살아가야 할 각자의 삶이 있잖아요. 저는 우리 모두 이 땅에 보내진 목적이 있다고 믿거든요. 그 어떤 가해를 당했더라도 한 사람이 지닌 고유한 가치는 아무도 훼손할 수 없고, 어떤 존재든 할 수 있는 일이 있어요. 피해자들이 자기 재능과 능력을 발휘해서 꿈을 향해 나아가기 위해서는 치유와 회복이 무조건 필요해요. 그 방법을 제시하는 데 중점을 두고 글을 썼어요.

또, 성범죄를 두고 '영혼을 파괴하는 범죄'라고들 이야기하지만 겪어보지 않은 사람들은 그게 정말 어떤 뜻인지 알기가 어려워요. 더 많은 사람들이 영혼을 파괴하는 범죄가 진짜 무엇을 뜻하는지 배울 수 있는 기회를 가졌으면 했어요. 그래서 성범죄가 한 사람의 존재에 미치는 영향을 신체적, 인지적, 사회적, 대인관계적, 영적 측면에서 다양하게 기술했죠.

진정한 '용서'란 어떤 것일까요?

우선, 세상에서 말하듯 가해자를 연민의 눈으로 보면서 그 입장을 이해하는 건 결코 용서가 아니에요. 피해자 입장에서 '용서'가 되려면 스스로에게 일어났던 모든 일들을 담담하게 볼 수 있어야 돼요. 살면서 겪은 여러 가지 일들이 있는데도 성폭행 당한 일만 엄청 강하게 부각되는 경우가 많아요. 그런데 인생에 그 일만 있었던 게 아니잖아요. 피해 사실을 인생의 한 부분으로 받아들이고, 삶을 전체적으로 공평하고 온전하게 바라볼 수 있는 시각을 갖는 것이 중요합니다. 그러고 나서 '이 일이 나에게 어떤 영향을 미쳤나?' '이 일로 인해서 내 생각과 대인관계 및 환경은 어떻게 바뀌었나?' '지금 내가 어떤 부분을 조절하지 못하고 있나?' 이런 질문들을 통해 통찰할 수 있어야 용서로 나아갈 수 있어요.

친족 성폭력 피해자들이 트라우마를 극복하려면 무엇부터 해야 할까요?

피해자들은 피해 상황에 대해 '꿈이었나?' 하는 생각을 해요. 너무 받아들이기 힘드니까 사실이 아니라고 부인을 하는 거죠. 나한테 일어난 일이 확실한데도 말을 할 수 없으니까 그냥 잊으려고 하는 거예요. 그런데 우리 몸에서 지문을 없앨 수 없듯이, 신체에 각인된 기억은 잊을 수가 없거든요. 없앨 수 없는 걸 없애려고 하다 보니까 몸과 마음에 엄청난 갈등이 생겨요. 학업이나 다른 대인관계에 쓸 에너지가 남아나지 않죠. 게다가 뭐든 빨리 잊는 게 습관이 돼서 좋은 일도 잘 잊어버려요. 그러다가도 막상 피해 사건에 대해서는 듣기 괴로울 정도로 자세하게 묘사하기도 해요. 그때의 냄새와 분위기 같은 것까지 전부요. 저도 몇십 년 전 일인데도 아직까지 기억이 생생하거든요. 분명 기억 속에 있는데 없는 것처럼 살아야 하니 얼마나 힘들겠어요.

어렸을 때 트라우마를 겪은 사람들은 감정을 표현할 수 있는 통로가 없어서 항상 감정을 억압하게 돼요. 스스로의 존재와 감정,

생각까지 모두 의심해요. 그럴 때 자신의 마음과 생각을 인정해 주어야 해요. 어떤 감정이든 수용하면서, 왜 그런 감정이 드는지를 살펴보는 거예요. 어떤 상황에서, 어떤 말을 들을 때 화가 나는지 생각을 해보면 좋아요. 심리학을 배우면서 저도 제가 느끼는 감정의 강도와 종류에 대해 써보는 연습을 많이 했어요. 그리고 감정은 신체적인 증상이랑 같이 나타나거든요. 예를 들어 부정적인 감정에 휩싸이면 속이 떨리거나 메슥거리는 등의 증상이 있을 수 있어요. 이런 신체 반응을 알아차리고 감정의 초점을 남이 아니라 자기한테 맞추는 연습부터 시작하면 도움이 많이 될 거예요.

개인적인 고통을 극복해 온 과정에 대해 나눠주실 수 있나요?

제 경험에 비춰 봤을 때 일단 자기가 겪은 일을 말로 할 수 있어야 돼요. 나를 믿어주고 지지해 주고 온전히 받아줄 수 있는 사람의 존재가 중요하죠. 제 경우는 두 딸이 그런 존재들이었는데요. 딸들한테 처음 성폭행 피해 사실을 말했을 때 아이들이 정말 잘 받아줬어요. 꺼내놓기까지 엄청 힘들었는데 말을 하고 나니까 내가 상황을 통제할 수 있다는 힘이 생기더라고요.

또 하나는, 제가 고등학교 1학년 때 고등학교 3학년 남자한테 성폭행을 당했어요. 1시간 동안 땀을 뻘뻘 흘리면서 필사적으로 저항을 했었거든요. 사람들은 삽입만 안 하면 성폭행이 아니라고 생각하는데, 사실 삽입을 했건 안 했건 성폭행이에요. 그런 일을 겪고도 아무 대처도 못 했는데 저한테는 그 기억이 너무 생생했어요. 그래서 논문을 쓰면서 그 남자한테 연락을 했어요. '네가 나한테 이런 일을 저질렀는데, 넌 어떻게 기억하고 있냐'라고 물어봤죠. 그 사람은 로맨스라고 생각하거나 잊어버렸거나 아무렇지도 않은 일로 여길 수도 있으니까요. 그런데 아무 말도 못 하더라고요. 당사자에게 직접 이야기를 꺼내고 나니까 '나는 예전처럼 너한테 당하기만 하던 존재가 아니야. 더 이상 힘 없이 네 밑에서 발버둥 쳐야만 하는 사람이 아니야.' 이런 생각이 들었어요. 물론 가해 당사자에게 연락을 하기까지 죽을 것 같이 힘들었지만, 말을 해야 비로소 힘이 생겨요. '폭로'의 용기를 내야 하는 이유죠.

그 과정에서 심리학도 정말 많은 도움이 됐어요. 결혼생활이 너무 힘들어서 15년 전부터 심리학을 계속 배우고 싶었어요. 그래도 선택에 대한 책임을 지려고 20년을 버티다가 이혼을 했는데, 이렇게나 저를 힘들게 하는 사람을 선택했던 제 마음이 궁금했어요. 심리학이 그 답을 주긴 줬는데 결론적으로 얻은 건 나 자신에 대한 이해였어요. 내가 어떤 사람인지 이해가 깊어질수록 어떤 힘든 상황이 와도 견딜 수 있는 힘이 생기더라고요.

근친 성폭력에 대한 사회적 인식에서 가장 크게 변화해야 하는 것이 무엇일까요?

다른 범죄와 달리 성폭력이 일어나면 피해자를 비난하는 경우가 많아요. '네가 옷을 그렇게 입어서 그렇다.' '네가 그곳에 가서 그렇다.' '네가 행동거지가 바르지 않아서 그렇다.' 이런 식으로요. 그런데 성폭력도 다른 범죄와 똑같이 100% 가해자 잘못이에요. 피해자는 잘못한 게 아무것도 없다는 생각부터 먼저 해야 돼요. 그런데 성폭행 가해자에게 면죄부를 주기 위해서 피해자에게서 원인을 찾는 게 현실이죠. 왜냐하면 법은 남자들이 만들기 때문이에요. 책에도 언급했듯 성범죄의 가해자 비율이 남자가 96%, 여자는 4%예요. 96%인 남자 입장에서 해석을 하다 보니까 판결문에도 남자가 유리하게 나와 있어요.

가해자한테 100% 잘못이 있는데도 피해자에게서 원인을 찾는 것부터 뿌리 뽑아야 돼요. 폭로를 한 이후에도 경찰이나 가족들조차도 피해자한테도 잘못이 있다는 식으로 말하면 피해자들은 입을 닫게 돼요. 어렵사리 피해 상황에 대해 이야기했더니 사람들이 오히려 나한테 잘못했다고 해요. 그럼 누가 말을 하겠어요?

또 하나는 '수치심'에 대한 부분이에요. 수치심은 존재 자체에 결함이 있다고 느끼는 감정인데 왜 피해자가 수치심을 느껴야 하나요? 다른 범죄 피해자들에게는 그렇지 않은데 성범죄만큼은 피해자의 수치심을 건드려요. '당신이 수치심을 느껴야 범죄가 성립된다'라는 식으로 판결이 굉장히 많이 나와요. 그럼 피해자는 '내가 깨진 그릇이구나. 내가 더럽혀졌구나.' 이런 생각을 하게 되죠. 피해자의 수치심을 강요하는 사회적 인식은 꼭 바뀌어야 해요.

수치심은 피해자의 것이 아니에요. 수치심은 가해자한테 돌려줘야 돼요.

법적 제도는 어떻게 변화해야 할까요?

근친 성폭력은 자기가 보호해야 될 딸, 조카, 손녀, 아내의 권리를 지켜주기는커녕 자기의 성욕을 채우기 위해서 상대를 이용하는 끔찍한 범죄예요. 존재의 뿌리부터 흔드는 거죠. 그렇기 때문에 제일 강하게 가중처벌을 해야 해요. 그런데 성범죄는 3년이면 중형이라고들 할 정도로 처벌이 너무 가벼워요. 그런 기사가 뜰 때마다 전부 저장을 해놓고 있는데, 똑같은 범죄를 두고 외국에서는 1,000년 형, 10,000년 형을 때리거든요. 우리나라는 법적으로 7년이 최고형이에요. 이 말도 안 되는 법 자체를 바꿔야 돼요.

이런 범죄는 인식이 바뀌지 않으면 날로 진화해 가기 때문에 학교 다닐 때부터 교육을 확실하게 해야 해요. 지금도 딥페이크 같은 범죄들이 정말 많잖아요. 요즘에는 자기 가족을 대상으로도 그런 범죄를 저질러요. '재미'로 그랬다면서 잘못에 대한 인식이 전무해요. 교육이 정말 중요하죠.

작가님의 꿈이 궁금합니다.

옛날부터 대안학교를 세우는 게 꿈이었어요. 제가 대학원에서 심리학을 공부했지만, 궁극적으로는 교육에 관심이 많아요. 교육이 제대로 서지 않으면 우리나라는 존립할 수 없어요. 현재의 공교육 체계로는 아이들이 행복하지 않아요. 지금 우리나라 저출생 문제도 교육 문제 때문에 발생한다고 생각하고요. 그래서 아이들이 행복하고 건강한 학창 시절을 보낼 수 있는 대안학교를 세우려고 준비하고 있어요.

앞으로도 책의 주제와 관련된 집필 계획이 있으신가요?

성폭력과 직결되는 이야기는 아니지만, 성경 속 여성들의 목소리를 대변하는 책을 써보려고 해요. 성경 안에는 여자들의 목소리가 없어요. 남자들이 판단하고 이해한 대로 쓰인 여성들의 모습만 단편적으로 담겨 있죠. 당시 혼란한 사회 속에서 정말 억울한 삶을 산 사람들이 많았을 거잖아요. 성경에 나오는 여성들이 어떤 사회적 배경에서 무엇을 느끼고 어떻게 생각했을지, 왜 그렇게 살 수밖에 없었는지에 관해 써보고 싶어요.

트라우마를 겪고 있는 피해자들에게 꼭 해주고 싶은 말씀이 있다면 나눠주세요.

당신이 느끼고 생각하는 것이 맞습니다. 자신의 감정과 생각을 믿으세요. 더 이상 자신의 감정을 억누르고 부인하고 안 느끼는 척 아무 고통이 없는 척 행동하지 마세요. 자신을 향한 비난과 혐오와 부정적인 생각을 멈추세요. 몸과 마음이 보내는 신호에 귀를 기울이세요. 다른 사람이나 세상이 하는 말에는 일단 귀를 닫으세요. 자신에게 집중하는 연습을 해야 자신의 가치를 알게 됩니다. 그 가치를 알았을 때 세상을 직면할 힘이 생깁니다. 그리고 말하세요. 말에는 엄청난 힘이 있습니다. 그 진실의 힘이 우리를 바른길로 인도할 것입니다.

피해자들을 돕고자 하는 독자들에게도 한 말씀 부탁드립니다.

그 일이 나에게 생겼다면 어땠을까 생각해 보세요. 진짜로 내 몸이 성폭력 피해를 입었다고 최대한 리얼하게 상상해 보세요. 그러면 피해자를 보는 눈이 달라질 겁니다. 그 입장과 마음을 온전히 헤아리면 피해자에게 무심코 주던 상처를 최소화할 수 있습니다.

그리고 성폭행을 겪은 사람들조차도 '나도 비슷한 일을 겪었지만 잘 극복했다'라고 말하는 경우가 많은데요. 그렇게 일반화하지 마세요. 우리는 어느 누구도 똑같을 수 없어요. 그리고 비슷한 일을 겪고 정말 잘 극복했는지 스스로를 돌아보세요. 마음속에 남아 있는 응어리와 상처가 나를 부정하고 상대방도 부인하게 만들지도 몰라요.

작가 홈페이지

참고문헌

1. 신문 기사 및 언론 보도

KBS뉴스(2016. 10. 24.), '친딸 성폭력' 징역 1500년... 우리도 가능할까.

MBC뉴스(2023. 5. 17.), 친딸 성추행, 죽음에 이르렀지만 "징역 5년"... 판결문 살펴보니.

Our Science Story(2020. 2. 17.), 당신의 비만, 코르티솔 때문이다.

Woman Sense(2022. 3.), 트라우마와 질병.

YTN(2023. 2. 3.), "성폭행 친오빠와 한 집에"... 가해자 지목된 남성 2심도 무죄.

내외일보(2023. 6. 4.), 6살 친딸 성폭행하며 "임신하면 낳아 키우자.": 짐승만도 못한 父.

노컷뉴스(2022. 12. 18.), [법정B컷] 결국 처벌 못했다. 친족 성범죄 공소시효, 이젠 바뀔까.

동아일보(2023. 11. 24.), 10년간 친딸 2명 번갈아 상습 성추행 40대, 징역 8년.

로톡뉴스(2020. 6. 10.), 친딸 14년간 성폭행한 패륜 父... "혈압약 먹으며 성욕 누르려 했다" 황당 주장.

로톡뉴스(2021. 7. 22.), 친족 성폭력 사건에서 처벌분원서를 받아주면 안되는 이유.

로톡뉴스(2021. 9. 16.), 친딸 200차례 성폭행한 아버지, "이럴거면 왜 데려왔느냐" 판사의 질문에 한 대답.

머니투데이(2017. 11. 7.), "딸 성폭행범 3년 뒤 출소"... 아동 성범죄 처벌, 해외는?.

머니투데이(2023. 12. 5.), 초 1 여동생 5년간 성폭행 유산까지 했는데... 친오빠 "징역 12년 무겁다".

보배드림(2023. 9. 13.), 친딸 8년간 성폭행한 아빠, 출소 후 얻은 집이... 어린 학생들 걱정.

서울경제(2023. 9. 15.), "엄마 없으니 네가 대신" 친딸 7년간 성폭행 父... 경찰에서 내뱉은 말.

서울신문(2017. 11. 10.), 의붓손녀 성폭행해 아이 둘 낳게 한 50대... 2심서 징역 25년.

세계일보(2020. 11. 30.), 성범죄자 3년 재범률 62%... 조두순 法 소급적용 안돼 '뒷북'[심층기획- 강력범 복귀 불안한 사회].

세계일보(2022. 8. 10.) '4학년 때부터 16년간 성폭력'... 독거노인 돌보는 선교사의 두 얼굴.

세계일보(2023. 9. 8.), 2년간 15세 며느리 11차례 성폭행한 55세 시아버지... 20년형 선고.

아시아경제(2020. 8. 4.), '5살 때부터 12년간' 친딸 성폭행한 인면수심 父... 친족간 성범죄, 해법 없나.

아주경제(2020. 10. 2.), 조두순 12년... 한국만 성범죄에 관대할까, 해외는 거세 후 사형까지.

이데일리(2023. 12. 23.), 에이즈 감염 알고도 8살 친딸 성폭행했는데 친권, 초범이 웬 말.

정신의학신문(2020. 4. 11.), 아픈 과거가 만성통증으로 이어지는 5가지 이유.

조선일보(2023. 8. 27.), [세상을 흔든 판결] '부부 강간' 처음 인정한 대법원... "아내도 성(性)적 자기결정권 있어".

조선일보(2024. 1. 3.), 악마는 변하지 않았다. 8세 딸 성폭행한 아빠 선처해줬더니 또....

중앙일보(2013. 5. 20.), "아이 앞에서 발가벗겨..." 부부강간 끔찍한 증언.

중앙일보(2022. 9. 15.) 성폭행에 쓴 밧줄이 증거됐다.... 청주 여중생 '악마 계부' 25년형.

중앙일보(2023. 11. 12.), 피임약 먹이고 친모 앞 성폭행... 7년간 당하던 딸의 비극.

충청뉴스(2021. 9. 13.), 지적장애 며느리 성폭행한 80대 시아버지 '징역 3년'.

쿠키뉴스(2021. 8. 20.), 부부간 성범죄 첫 인정 17년 후… "여전히 피해 입증 힘들어요".
파이낸셜뉴스(2023. 7. 5.), "이러니까 헤어지지", 갈라선 부부·커플 절반… 폭행에 성폭력 경험.
하이닥(2015. 9. 17.), 노화 부르는 스트레스 호르몬 '코르티솔'.
한국경제(2021. 4. 27.), 발기부전 약까지 먹어가며 며느리 성폭행한 시아버지 '경악'.
한국성폭력상담소(2023. 7. 28.), 친족 성폭력의 공소시효가 폐지되는 날까지: 친족 성폭력 공소시효 폐지 운동 전략 찾기 연속 간담회 1차.
한국여성의 전화(2023. 8. 18.), 부부간 성관계는 언제든 동의된 것이다? 숨겨진 범죄, 아내강간.
한국일보(2021. 2. 1.), 이름, 번호 바꾸며 삶의 의지 드러냈는데… 가해자 선고 직전 극단선택.
한국일보(2023. 6. 8.), 8세 사촌 여동생 상습 성폭행 14세 사촌오빠… 12년 만에 처벌.
헬스조선(2016. 5. 25.) 어린 시절 트라우마는 신체 건강마저 위협한다.

2. 논저

고명숙(2008), 「초등학생 대인관계 향상을 위한 명상 프로그램 개발」, 한국교원대학교 석사학위논문.
권석만(2013), 『현재이상심리학』(2판), 서울: 학지사.
김남순(2017), 『용서에 대하여: 용서의 가능성과 불가능성』, 서울: 동녘.
김수정(2018), 「아동성폭력 피해 경험이 자살 행동유형에 미치는 영향: 잠재계층 분석을 중심으로」, 『보건사회연구』 38(4), 227-250.
김영화(2010), 「마음챙김 활용 집단상담 프로그램이 초등학생의 자아 탄력성과 심리적 안녕감에 미치는 영향」 서울대학교 석사학위논문.
김태형(2017), 『자살공화국: 한국인은 왜 자살하는가?』, 서울: 세창출판사.
김현수(2016), 『무기력의 비밀』, 서울: 에듀니티.
너울(2013), 『꽃을 던지고 싶다: 아동 성폭력 피해자로 산다는 것』, 서울: 르네상스.
은수연(2020), 「눈물도 빛을 만나면 반짝인다: 어느 성폭력 생존자의 빛나는 치유일기』, 서울: 이매진.

장현갑(2007), 『마음챙김: 나의 마음을 경영하는 위대한 지혜』, 서울: 미다스북.

Arnold, Johann Cristohp(2015), 『왜 용서해야 하는가』, 서울: 포이에마.

Brown, Brene (2019), 『수치심 권하는 사회』, 서울: 가나출판사.

Carrion, Victor G. et al.(2006), Decreased Prefrontal Cortical Volume Associated with Increased Bed Time Cortisol in Traumatized Youth. Biological Psychiatry 68(5), 491-493.

Elva, Thordis & Stranger, Tom(2018), 『용서의 나라: 성폭력 생존자와 가해자가 함께 써내려 간 기적의 대화』, 서울 : 책세상.

Gonzales, Laurence(2016), 『트라우마여 안녕』, 서울: 책세상.

Harris, Nadine Bruke(2013), 『불행은 어떻게 질병으로 이어지는가: 어린 시절의 트라우마가 신체 건강에 미치는 영향』, 서울: 심심.

Hayes, S. C. & Smith, S.(2010), 『마음속에서 빠져나와 삶속으로 들어가라: 새로운 수용전념 치료』, 서울: 학지사.

Kabat-Zinn, J.(2019), 『존 카밧진의 왜 마음챙김 명상인가』, 서울: 불광출판사. (원서출판 1994)

Levine, S.(2005), Developmental deteminats of Sensitivity and Resistance to Stress. Psychoneuroendorinology, 30(10).

Li, Winnie M. (2018), 『다크챕터』, 서울: 한길사.

Loftus, Elizabeth(2003), Planting Misinformation in the Human Mind: A 30year Investigation of the Malleability of Memory. Learning and Memory, 12(4).

Norwood, Robin(2011), 『너무 사랑하는 여자들: 사랑에 상처입은 사람을 위한 마음 처방전』, 서울: 북로드.

Ogden, Pat & Fisher, Janina(2021), 『감각운동 심리치료: 트라우마와 애착을 위한 치료 개입』, 서울: 하나의학사.

Ogden, Pat., Minton, Kekuni & Pain, Clare(2006), 『트라우마와 몸: 감각운동 심

리치료의 이론과 실제』, 서울: 학지사.

Perry, B. D. et al.(1983), Strain Differences in Cat brain Epinephrine Synthesis And Alpha-Adrenergic Receptor Number: Apparent in Vivo Regulation of Brain Alpha-Adrenergic Receptors by Epinephrine. Science, 221, 1297-1299.

Perry, Bruce D. & Szalavitz, Maria(2006),『개로 길러진 아이: 사랑으로 트라우마를 극복하고 희망을 보여준 아이들』, 서울: 민음인.

Raphael, Jody J. D.(2013), Rape Is Rape (How Denial, Distortion, and Victim Blaming are Fueling a Hidden Acquaintance Rape crisis), Lawrenc Hill Books.

RothChlid, Babette(2013),『내 인생을 힘들게 하는 트라우마: 외상후 스트레스 장애에서 벗어나는 법』, 서울: 소울메이트.

Salzberg, S.(2011),『하루 20분 나를 멈추는 시간: 인생을 바꾸는 생활 혁명 마음챙김명상』. 서울: 북가이드.

Van der Kolk, Bessel(2016),『몸은 기억한다: 트라우마가 남긴 흔적들』, 서울: 을유문화사.

김보화(2023). 시장으로 간 성폭력(성범죄 가해자는 어떻게 감형을 구매하는가) 서울: 휴머니스트

Caroline Norma(2020). 위안부는 여자다. (유혜담 옮김) 인천: 열다북스

침묵과 용서 – 근친 성폭력의 감춰진 진실

침묵에서 벗어나 용서로 나아가는 성폭력 비평서

발행일 2024년 11월 13일

지은이 이미애
펴낸이 마형민
기획 신건희
편집 곽하늘 이은주 박한서
디자인 김안석
펴낸곳 (주)페스트북
주소 경기도 안양시 안양판교로 20
홈페이지 festbook.co.kr

ⓒ 이미애 2024

ISBN 979-11-6929-617-5 03330
값 15,000원

* 이 책은 저작권법에 의해 보호를 받는 저작물이므로 무단 전재와 무단 복제를 금합니다.
* (주)페스트북은 작가중심주의를 고수합니다. 누구나 인생의 새로운 챕터를 쓰도록 돕습니다.
  creative@festbook.co.kr로 자신만의 목소리를 보내주세요.